経営のための「調達」

見落とされてきた活用戦略

PwCコンサルティング合同会社　編
調達高度化チーム

中央経済社

はじめに

　日本企業の時価総額の低迷，資本の非効率性が指摘されて久しい。低迷の要因は多々考えられる。新たな事業機会を捉えるための戦略が欠如しているだけでなく，既存のオペレーションからさらなる付加価値を生み出す高度化の取組みが不足しているのではないか。

　本書のテーマである調達業務でいえば，日本企業の調達は，事業の成長や運営に必要なモノの手配を効率的に行うことはできている。一方で，新たな価値を創出し，事業競争力を強化するために，機能としての調達を最大化させる「調達の高度化」が手詰まりになっているように見える。海外企業では調達の持つ潜在的な可能性に気が付き，戦略的に価値創造のレバーとして活用しているのに対して，日本企業は調達を単なるバックオフィス機能として位置付け，効率化のみを追求しているからではないか。

　なぜだろうか。①経営層が調達の持つ潜在的な可能性に無関心であること，②事業部門が調達機能を抱え込み，他部門の介入をよしとしないこと，③調達部門が経営に対して貢献可能な効果をアピールできず，内向きで受け身の姿勢であることなど，経営，事業部門，調達部門それぞれに課題がある。これら調達部門を取り巻く呪縛を解き放ち，調達が持つ潜在的な可能性を発揮することで，企業価値を高めることが可能になるのではないか。

　本書では，日本企業の多くが見逃してきた企業価値を高める改革レバー，「調達の高度化」の意義と取組みを紹介する。調達は，企業の総コストの7〜8割を占める調達コストを対象として，社内の関連各部門と，社外の多様なサプライヤーおよびその背後にあるサプライチェーンとの重要な接点の役割を担う。社内と社外の両面に働きかけ，事業の収益性と安定性の向上に貢献が可能である。

　すでに，調達改革に取り組んだ企業は多いが，その多くは，調達システムを導入し，調達業務の効率化（＝業務コストの低減）を狙うもので，企業価値を高めるほどの大きな経営インパクトの創出までには至っていないようである。

このような取組みはいわゆる「調達の効率化」である。他方，「調達の高度化」に踏み込むことにより，大きな価値創造が可能となる。総コストに占める調達の業務コストの規模感（一般に人件費の数％程度）と外部調達コストの規模感（一般に総コストの7～8割程度）を比べれば，期待効果が桁違いなのは明らかだろう。調達の業務コストに留まらず，外部調達コスト全体を対象として，コストと供給安定性の最適化を目指す「調達の高度化」に取り組むことで，企業はより大きな果実を手にするだろう。

我々，PwCコンサルティング調達高度化チームでは，この最後の改革レバーである調達に着目し，「企業価値を高める，調達の高度化」を提唱してきた。単なるシステム導入や調達コスト単価の削減に留まらない，大きな経営インパクトを創出するための調達改革の方法論である。経営に貢献する調達という視点から，調達が担うべき戦略を再定義し，組織的な位置付け・権限を見直し，業務を抜本的に変革していく。同時に，人材やシステムへのリソース配分を量的・質的に見直し，調達におけるROIを飛躍的に高めていく。

この改革は全社横断での取組みであり，調達部門だけでなく，現場と経営を巻き込むことが重要となる。全社レベルで成し遂げるべき大目標を掲げ，個別の現場で具体的な効果を実現し，改革の活動と効果との関係を明確化し，現場と経営の両面から支援を得て，大改革の達成のための推進力を生み出していく。個別の施策の成否だけでなく，改革を構成する一連の取組みプログラムのマネジメントが求められる。

以上の内容について，本書は8つの章から構成され，関連する事例として4つの補論を掲載している。それぞれの概要は以下のとおり。

第1章　見落とされてきた「調達の力」の可能性

最初に，調達を取り巻く現状を確認する。調達購買は一般的に商品を手配し，コストを削減する活動として捉えられているが，近年，特に欧米企業においてはその戦略的な価値が見直され，調達を単なる現場の業務に留めず，経営自らもしっかり関与しながら，調達をブランド価値向上，イノベーション推進，持続可能な成長への貢献といった企業変革のレバーとして積極的に活用している。

はじめに　iii

「経営に貢献する調達」という視点で改革レバーとしての調達の活用に関する
概論を通じ，単なる機能としての調達ではなく，戦略的な意味合いを含めた調
達機能の活用について解説する。

補論①　経営者が知っておくべき調達の10のポイント

　経営者が押さえておくべき調達の重要項目を10点挙げ，一部陥りがちな罠と
併せて解説した。経営者にとっては周知のことと思われるが，調達を理解する
上での基礎的な内容として，ご一読いただきたい。

第2章　経営アジェンダとしての「調達の高度化」

　ここでは「調達の高度化」が「なぜ，経営アジェンダなのか？」，「大事なこ
ととはわかっていても，何から始めればよいのか？」といった疑問に答えたい。
具体的には，経営と調達をつなぐ共通言語として「調達ROI」という枠組みを
紹介する。この枠組みを導入することで，経営に対する調達のパフォーマンス
とポテンシャルを可視化し，活動効果の最大化につなげることが可能になる。
さらに，短期的な問題解決から中期的な構造変革まで幅広く応用が可能であり，
調達の戦略的な価値を最大化することが可能となることを解説する。

第3章　改革の両輪　～調達業務の高度化と購買業務の効率化

　これまで調達改革に取り組んではきたが，大きな成果を生むに至らなかった
企業では，与しやすい目の前の業務の効率化だけに取り組み，お茶を濁してい
るのではないか。あるいは，効率化と高度化を組み合わせた大改革を目指した
ものの，初期の効率化への取組みで思わぬ困難に直面し，多大な工数を割いた
わりには効果が限定的で息切れしてしまい，高度化まで辿り着けていないので
はないか。

　本章では，調達改革の構成要素を概観した上で，コアになる業務改革におい
て，効率化と高度化を目指す際の留意点や陥りがちな罠について考察する。

　また，改革を推進し，効果を定着化させるために，新しく組み換えた業務を
支えるインフラとして，組織の機能やケイパビリティ，人のスキル，役割，権
限，情報基盤などの仕組みを整えることの必要性についても解説する。

第4章　高度化のための組織配置・機能権限設定

　調達購買改革には多面的な視点が必要であり，効果的な組織や機能の配置が重要である。1997年のホールディングス化解禁後，日本企業は本社機能を縮小し，事業子会社の意思決定の迅速化を図る「遠心力」の経営を重視してきた。これが調達購買機能の弱体化を招いた例も多い。また，集中化を進める「求心力」の過度な追求も失敗につながることもある。

　本章では調達機能を高度化するにあたり，日本企業が陥りがちな組織配置や機能権限を設定する上での3つの罠を紹介する。その罠にはまらず，改革を進めるための調達の特性に応じた本社の関与パターン，機能子会社等を含めた機能権限設定，対応策やその進め方について考察することで，本社の管理範囲を拡大し，構想を画餅にしない実行体制の構築について解説する。

第5章　高度化に向けたスキル継承

　調達業務の最適化，その先の高度化，併せて組織設計を行った後，その実行を主導するのはヒトである。近年，人材のスキル強化は，企業にとっての重要アジェンダといえる。一方，多くの日本企業では，ベテラン人材の定年時期が数年後に差し迫っており，ベテラン人材が積み上げてきた貴重なスキルが半永久的に失われ，機能不全に陥る可能性に直面している。

　本章では，足元のスキル喪失の危機をどのように乗り切るかについて解説し，その上で，高度化に向けた論点として，中長期的な事業展開を見据えたリソースプランニングと優秀な人材の獲得・維持について考察する。

　ベテラン人材の退職によるスキル喪失は喫緊の課題であるものの，足元の課題への対応に留まらず，中長期的な事業展開を踏まえて，未来志向で必要スキルの洗い出しと強化を図ること，本章のテーマとして「高度化に向けたスキル継承」について解説する。

第6章　高度化のための調達データの活用

　本章では，調達ROIを使って可視化された調達活動のボトルネックに対し，打ち手の検討，データを活用した戦略策定の進め方，事例を紹介する。世の中にデータの見える化をするためのツールは多数あるが，闇雲なデータドリブン

はじめに　v

アプローチはお勧めできない。仮説構築をしっかり行い，データによる検証とデジタルツールの活用により，より早く，効率的な仮説検証アプローチが可能となることを解説する。

補論②　グローバルデジタル調達実態調査に見る日本企業の課題

　調達部門の業務は，コスト削減や安定調達から，サプライヤーのリスク管理やサステナブル調達など広範囲に拡大しており，経営層の期待も増加している。しかしながら，PwCの調査によると，多くの日本企業はデジタルツール活用や経営層の関与不足，チェンジマネジメントの軽視，オペレーティングモデルの最適化への意識低下により，期待される成果を出せていない。この問題点と，日本企業が陥りがちな4つの罠について解説する。

第7章　高度化に向けた調達機能へのサプライヤーの巻き込み

　多くの企業はサプライヤーとの関係を単なる取引に留めているが，それでは真の競争力を引き出すことが難しい。戦略的なコミュニケーションが不足し，サプライヤーのパフォーマンス情報が散逸しているため，最適なサプライヤー選定ができていない。サプライヤーとの共同改善プログラムが不足し，表面的な管理に終始している場合も多い。本章では，調達機能へのサプライヤーの巻き込みとその実現方法について解説することで，サプライヤーを含めた生態系全体の最適化について考察する。

補論③　サプライヤーとのビジネスパートナーシップ構築戦略

　パンデミックや紛争などの環境変化に伴い，単なる買い手と売り手の関係維持では不十分となり，中期的な戦略で価値を共創する関係を構築する企業が現れている。調達部門は，ただの条件交渉を越え，中期的な相互関係を築く役割を担うべきである。また，買い手と売り手の関係を「片思い」や「相思相愛」として把握し，調達部門だけでなく経営層もサプライヤーとの直接対話を行うことが重要である。本補論では，関係性の相互認識を可視化するフレームワークを用いて，双方の関係を明確にし，適切なアクションを促す方向性について解説する。

補論④　サプライチェーン"Re"エンジニアリング　〜サプライヤー階層の構造分析を起点としたサプライチェーンの最適化

　2020年以降，サプライチェーンの分断により多くの企業が安定調達の問題に直面し，調達部門には部品納期の確認や調整に追われる状況が生じた。また，これまで多くの日本企業では，主に直接の調達先であるTier 1サプライヤーに焦点を当てた事業継続計画（BCP）中心の対策を行ってきた。これは表層的で限定的なリスク管理に留まり，問題発生後の対応を行う「守りのリスク管理」といえる。一方，これからはサプライヤー階層全体を把握し，すべてのリスクを事前に管理する「攻めのリスク管理」が必要である。補論④では，サプライマネジメントの事前対処と最適化に向けた方法論を紹介する。

第8章　調達改革　〜Procurement Transformationの実現に向けて

　PwCコンサルティング調達高度化チームでは，「調達の高度化」に取り組む一連のプログラムを「Procurement Transformation（調達改革）」と呼んでいる。最終章では，「調達の高度化」に必要な要素やポイントを今一度整理し，Procurement Transformationの世界観と実行上の留意点を紹介する。

　本書では，調達高度化をテーマに，陥りがちな課題を概観した上で，調達によるさらなる経営貢献の創出を目指した「調達の高度化」の考え方，進め方を具体的な事例を交えながら，戦略，組織・人材，業務，システムの様々な観点から改革の要諦を紹介する。調達業務に従事する方々はもちろん，経営企画・財務部門，そして，企業価値向上を責務とする経営層の方々に是非とも，一読いただきたい。

　2024年10月

PwCコンサルティング合同会社 調達高度化チーム

野田　武，小山　元

CONTENTS

第1章　見落とされてきた「調達の力」の可能性

第1節　近年の環境変化がビジネスに与えた影響 ……………… 3

(1)　グローバル市場の変動　3

(2)　取り残される日本企業　4

(3)　日本企業が見落としてきた「調達」という改革レバー　6

第2節　経営戦略における調達の位置付け　～改革のレバーとしての調達 ………………………………………………… 6

(1)　経営に対する調達のインパクト　～収益拡大に向けた支出コントロール　6

(2)　経営に対する調達のインパクト　～販売機会拡大への貢献　8

(3)　経営に対する調達のインパクト　～改革レバーとしての調達の経営貢献　9

　①　イノベーションへの貢献　10

　②　ブランド価値向上への貢献　11

第3節　日本企業の勘違い「調達＝発注オペレーション業務」 ………………………………………………………… 12

(1)　調達の誤解：受動的な役割への誤った認識　12

(2)　調達業務強化の難しさ　14

第4節　本来の調達の役割 …………………………………………… 16

第5節　調達改革による収益向上のポテンシャル ……………… 17

(1)　「購買業務の効率化」とその限界　17

(2)　「調達業務の戦略的転換」と成果の規模　18

(3)　「購買業務×調達業務」の統合的改革　19

　①　統合的改革の意義　19

②　統合的改革のアプローチ　20

③　成果の規模と影響　20

(4)　調達改革による企業文化と経営戦略への影響　21

①　企業文化への影響　21

②　経営戦略への影響　22

補論① 経営者が知っておくべき調達の10のポイント

1．調達の機能（複雑化する調達への要求，経営から見えない成果） ……… 23

2．調達と購買（両者の違いは？　より付加価値が高いのはどちらか？） ……… 25

3．組織・機能再編（集中すべきは管理・牽制機能） ……… 26

4．業務コストと調達コスト（調達コストの適正化こそ鍵） ……… 27

5．注目すべき品目（見落とされがちな間接材） ……… 29

6．取り組むべき対応のパターン（集中・集約化による弊害の排除） ……… 31

7．経営，調達，事業の三位一体の体制（調達だけが動いても効果は出ない） ……… 32

8．営業戦略の裏返しが調達戦略（鏡写しのフォーメーション） ……… 34

9．顧客接点と同様に重要なサプライヤー接点（CRM vs SRM） ……… 35

10．調達人材のスキル，育成，動機付け ……… 37

CONTENTS III

第2章 経営アジェンダとしての「調達の高度化」

第1節 なぜ，経営アジェンダなのか？ 43

第2節 何から始めればよいのか？ 44

(1) 対象となる調達の全体像を捉える 44

(2) 調達のパフォーマンスの現状と充足状況を確認する 45

(3) ボトルネックを特定する 45

(4) 共通のモノサシで測る 45

第3節 経営と調達の共通言語としての「調達ROI」の 考え方と得られる示唆 46

(1) 「調達ROI」とは 46

(2) 調達ROIの意味：パフォーマンス改善 48

① 調達コスト全体額 48

② 調達コストカバー率 49

③ 調達活動見直しスピード 49

④ 調達活動によるコスト削減効果 49

⑤ 調達ルールの遵守率 50

⑥ 追加的な効果 50

⑦ 人件費 50

⑧ システム費用 51

(3) 調達ROIのさらなる意味：投資の獲得 52

(4) 調達パフォーマンスのヒートマップ（調達ヒートマップ） 52

第4節 調達ROI，調達ヒートマップの活用事例 54

(1) 品目別調達ヒートマップによる調達リソースの最適配分 54

① 概要：ボトルネックを特定してリソースを最適配分 54

② 取組み対象の優先順位付けと検討に際しての留意点 56

③ 実行のための機動的なリソース配分の必要性 56

(2) 部門別調達ヒートマップによる調達の貢献領域の拡張 57

① 概要：部門の壁を超えた調達の貢献領域の発見 57

②　他部門への拡大のポイント　57

③　改革の立ち上げに向けた経営の旗振りの必要性　59

(3)　全社調達改革の構想策定，経営による支援の獲得，そして拡大
展開へ　59

①　概要：改革により大きな果実を目指す　59

②　インパクトの推計と実現のアプローチの仮説　61

③　継続的な取組みとして推進力を高めるには　63

(4)　グローバル調達会議での認識合わせとベストプラクティスの
発見・共有　63

①　概要：グローバルな多様性を活用して，さらなる強みを
獲得　63

②　グローバル調達の最適化に向けた留意点　63

③　グローバル調達の最適化に向けて　65

第5節　経営にとってのさらなる意味　〜調達人材の
動機付け ……………………………………………………………… 65

第3章 改革の両輪　〜調達業務の高度化と購買業務の効率化

第1節　調達改革における業務改革の位置付け ………………… 71

(1)　調達改革を進めるために必要な要素　71

①　戦略の見直し　72

②　業務の組み換え　72

③　オペレーティングモデルの整備　72

(2)　調達購買業務の6要素　72

①　カテゴリー戦略　73

②　ストラテジックソーシング　74

③　デマンドマネジメント　74

④　サプライヤーとの関係性の最適化　75

⑤　トランザクションマネジメント　75

⑥　契約・コンプライアンス管理　75

第2節　調達改革の両輪　〜業務の効率化と高度化 ……… 76

(1)　なぜ高度化は後回しにされがちなのか　76
(2)　高度化にどう取り組めばよいのか　77
　　①　カテゴリー戦略　78
　　②　ストラテジックソーシング　79
　　③　デマンドマネジメント　81
　　④　サプライヤーとの関係性の最適化　81

第3節　効率化で力尽きる調達改革　〜調達改革の罠
……………………………………………………………… 82

(1)　効果を出しきれない主な要因と対策　83
　　①　与しやすい効率化，見えない高度化　83
　　②　高度化業務に関する理解と知見の欠如　83
　　③　見えない目標と成果　84
　　④　限定的な活動範囲と社内連携　84
　　⑤　高付加価値を創出するスキルの欠如　85
(2)　高度化への取組み事例　85
　　①　課題と対策1：全社調達部門が関与する領域の積極的拡大
　　　　87
　　②　課題と対策2：高度化業務に関する理解と知見の深化
　　　　88

第4節　調達組織のケイパビリティ強化 ……………………… 88

(1)　購買業務と調達業務に必要なスキルの違い　89
(2)　調達高度化に必要な人材のスキル　90
　　①　特定のカテゴリーに関する専門的知見　90
　　②　見積りの査定力と交渉力，コミュニケーション能力　90
　　③　情報収集・分析力（実績検証，財務分析など）　91
　　④　リーダーシップ　91
(3)　調達組織のケイパビリティを高める方法　91

① 内部人材の育成　92

② 外部人材の活用　94

第4章　高度化のための組織配置・機能権限設定

第1節　遠心力を利かせた経営による調達領域の機能不全
　　　　　　　　　　　　　　　　　　　　　　　　　　　　　　99

(1) 調達購買領域における5つの権限　99

(2) グループ経営の動向　～遠心力を利かせた経営の必要性の高まりと組織配置・機能権限設定の原則　100

(3) 行きすぎた遠心力による弊害と調達購買機能に起こりがちな誤認識　101

第2節　求心力を高めた調達購買業務における3つの罠
　　　　　　　　　　　　　　　　　　　　　　　　　　　　　　102

(1) 集約化の罠　103

(2) 専門化・外部化の罠　106

　　① 専門化の罠　～企画統制機能の機能不全　106

　　② 専門化の罠　～機能子会社のミッションとの相反　108

　　③ 外部化の罠　～BPOベンダーへの丸投げ　111

(3) 統制の罠　112

　　① 自律的な改善のためのPDCAサイクルの構築　113

　　② 現場層への効果の体感と牽制のバランス　113

　　③ 調達パフォーマンスの見える化による経営層の巻き込み
　　　　114

第3節　調達購買組織・機能配置の変遷事例　115

(1) 大手メーカーの事例　115

　　① 堅調期（1990年代）：コーポレート機能の子会社化の開始
　　　　116

　　② 低迷期Ⅰ（2000年代）：機能別子会社の統合・効率化　116

　　③ 低迷期Ⅱ（2010年代中頃）：全コーポレート機能の子会社へ

CONTENTS VII

　の移管　116

④　復調期（2010年代後半）：戦略的業務の子会社からの切り出し，本社への回帰　117

第4節　組織・機能配置改革の進め方のポイント …………118

(1)　経営層によるリード　118

(2)　スモールスタートによる成功体験の積み上げ　119

(3)　要求部門と渡り合えるスキルの醸成　119

(4)　経営層や事業子会社の各要求部門と交渉できるキーマンの配置　120

第5章　高度化に向けたスキル継承

第1節　日本の調達現場が抱える世代交代問題 ……………125

(1)　PwCの「第27回世界CEO意識調査」の結果から窺えること　125

(2)　団塊ジュニア世代の引退　127

(3)　調達活動への影響・調達関係者が抱いている課題感　127

第2節　スキル継承を阻む壁 ………………………………129

(1)　日本企業の調達現場でスキル継承が進まない背景　129

(2)　グローバルの状況　131

第3節　スキル継承の進め方 ………………………………132

(1)　スキル継承の実施ステップ　132

①　ベテラン人材の現状スキルの棚卸し　133

②　将来的に必要となるスキルの定義　134

③　スキルの型化　135

④　システム化による定着化　138

(2)　グループ会社におけるスキル強化　140

第4節　取組み事例：ベテラン人材への依存からの脱却

………………………………………………………141

(1) 製造業A社の状況　141

(2) 時代の変化とともに顕在化した問題　142

(3) 短期間での業務設計・スキル継承の仕組み構築　142

　　① 取組みスコープの特定　143

　　② 業務と求められるスキルの整理　143

　　③ システム化　143

　　④ 調達部門内の役割分担見直し　143

(4) 短期間でスキル継承の仕組み構築を実現できた理由　144

　　① トップダウンでの危機感の醸成　144

　　② タスクフォースの結成　144

　　③ 範囲を限定したシステム化　145

(5) さらなる効果創出に向けて　145

　　① 上流工程への関与　146

　　② 他拠点への展開　146

第5節　高度化に向けた論点 ……………………… 146

(1) 中長期的な事業展開を見据えたリソースプランニング　147

(2) 優秀な人材の獲得・維持　147

　　① 採用・配置　147

　　② 育　成　148

　　③ 評価・報酬　148

　　④ 各個人のスキル管理　148

(3) 企業はヒトで成り立っている　149

第6章　高度化のための調達データの活用

第1節　調達ヒートマップで特定されたボトルネックへの対応 …………… 153

第2節　データ分析の手順とテクノロジーの活用による効率化 …………… 154

(1) データ分析の目的と目標を設定する　154

① 明確な分析の目的と目標が，成功する分析業務の始まり
154

② データ分析に取り組む前に，分析の目的と目標をチームで
徹底的に議論　155

(2) データ分析における業務の流れを理解する　156

① 前工程の「データの前処理」と後工程の「データ分析」で
業務を構成　156

(3) データの前処理工程で陥りやすい罠を理解し回避する　156

① データ分析で陥りがちな罠・データとの格闘　156

② データの前処理業務を効率化する情報分析基盤　158

(4) データの分析工程でデータを深掘り分析して戦略的示唆を
導出　159

① 分析データを1画面で表示できる調達ダッシュボード
159

② マクロとミクロの両方の視点を考慮してデータ分析するこ
とが重要　161

③ BIツールを活用して調達ダッシュボードを構築する
メリット　162

(5) 情報分析基盤と調達ダッシュボードの活用はデータドリブン組
織への第一歩　162

第3節　仮説を立てデータ検証することによる調達課題解決力の向上 ……………………………………………… 163

(1) 仮説ドリブンを意識する　164

① 分析スピードを高めるには，仮説ドリブンアプローチが
重要　164

(2) 仮説ドリブンアプローチのデメリットを理解し回避する　165

① 「確証バイアス」を避けるために，データドリブンアプロー
チも活用　165

② 仮説ドリブンアプローチとデータドリブンアプローチは
補完関係　166

（3） 仮説思考力を高める　166

① 分析スピードを高めるには，仮説ドリブンアプローチが
重要　166

② 調達領域の仮説構築に役立つビジネスフレームワーク
168

③ フレームワークと調達ダッシュボードの対応　170

（4） 仮説構築からデータによる検証を高速で回すのが理想　171

第4節　調達ダッシュボードの活用事例 ……………………………… 171

（1） Purchase Price Variation分析（PPV分析）　172

① 調達価格変動差異からコスト削減の機会を特定し，アプロー
チを検討　172

② 予算計画の精度向上にもつながる　173

（2） PO Coverage分析（購買条件捕捉率分析）　174

① 購買条件の捕捉率の状況分析からコンプライアンス強化の
アプローチを検討　174

② PO Coverageは社内のコンプライアンスの維持において重
要な指標　176

（3） Common Suppliers分析（部門横串によるサプライヤー利用状況
分析）　176

① 複数部門間で共通して利用するサプライヤーを特定し，最
適なサプライヤーマネジメント戦略を立案　176

② Common Suppliers分析で優先して関係を強化するサプライ
ヤーを特定　178

（4） まとめ　178

第5節　調達データの利用価値の持続的な向上に向けて

…………………………………………………………………………… 178

（1） データ利活用が組織に根付くには時間がかかる。Quick Winが
重要　179

（2） Quick Winの実践ポイント　179

（3） 調達におけるデータ利活用を企業文化として根付かせる　180

CONTENTS XI

(4) まとめ　180

補論② グローバルデジタル調達実態調査に見る日本企業の課題

1．PwCのグローバルデジタル調達実態調査とは ………… 184
2．第4回グローバルデジタル調達実態調査（2022年発表）
……………………………………………………………………………… 184

(1) 総　論　184
(2) デジタルツールの導入率と活用率　185
(3) データの活用状況　186
(4) 調達部門の戦略目標　187

3．第5回グローバルデジタル調達実態調査（2024年発表）
……………………………………………………………………………… 188

(1) 総　論　188
(2) 調達部門の戦略目標　189
(3) デジタルの活用意向　189
(4) デジタルツールの活用状況　191
(5) デジタル調達改革の成功要因に見る日本企業の罠　193
　① 経営層の関与が薄く現場任せになっている　194
　② チェンジマネジメントを軽視している　194
　③ ツールドリブンでベンダー依存度が高い　194
　④ オペレーティングモデルの最適化への意識が低い　194

4．第4回・第5回調査結果のまとめ ……………………… 195

第7章 高度化に向けた調達機能へのサプライヤーの巻き込み

第1節　サプライヤーコミュニケーションの高度化 …… 200
(1) サプライヤーコミュニケーションの課題　200

⑵ コミュニケーション窓口を集約する　200

⑶ 情報を集約し可視化する　201

⑷ 一定基準で評価する指標をつくる　202

⑸ 共同改善プログラムを導入しコミュニケーションとフィードバックを促進　202

第2節　買い手と売り手の相互認識に基づく関係性の構築

………………………………………………………………………… 203

⑴ 一方通行の関係性　204

⑵ サプライヤーの視点を取り入れた相互認識に基づく関係性　204

⑶ 経営層の関与　205

第3節　サプライチェーン "Re" エンジニアリングによる構造改革 ……………………………… 206

⑴ なぜTier Nサプライヤーの管理が必要か　206

⑵ 従前型の調達リスク管理の限界と攻めの調達リスク管理　207

第4節　調達機能へサプライヤーを巻き込む上での経営のリーダーシップ ……………………………… 208

補論③ | サプライヤーとのビジネスパートナーシップ構築戦略

1. なぜ今SRMが再注目されているのか？ ……………………………… 211

⑴ 「取引先」から「運命共同体」へ　211

⑵ 外部環境の激しい変化に揺らぐ供給網　212

⑶ サプライヤーの取り合い，買い手と売り手の相互認識の変化　212

⑷ 関係性の相互認識を意識した調達戦略の重要性　212

2. サプライヤーリレーションシップマネジメント（SRM）とは ……………………………… 213

CONTENTS XIII

3．Step 1 ：売り手と買い手の相互認識の理解 214
 (1) 関係性の相互認識の可視化フレームワークの活用 214
 (2) 自社のサプライヤーポートフォリオの把握 215
 (3) サプライヤーから見た自社の立場の理解 216
 (4) 要対応サプライヤーの洗い出し 218

4．Step 2 ：関係性の相互認識に基づいた戦略策定・実行
.... 220
 (1) 短期戦略の方向性 220
  ① 価値の共創エリア 220
  ② 要対応エリア 221

5．Step 3 ：関係性の相互認識の維持・向上 222
 (1) 中長期的戦略の方向性 222
  ① 価値の共創エリア 222
  ② 要対応エリア 223
 (2) 戦略成功に向けたポイント 223

6．SRM実現に向けた経営層のサポート 224

補論④ ｜ サプライチェーン "Re" エンジニアリング
    〜サプライヤー階層の構造分析を起点としたサプライ
     チェーンの最適化

1．調達リスク管理の推移 228
 (1) 旧来の調達リスク管理 228
 (2) 昨今の管理すべきリスクと複雑性 228

2．管理すべきサプライヤーの対象 229
 (1) Tier 1 サプライヤーのみを管理することの限界 229

3．最新の調達リスク管理システムと日本企業の状況 231
 (1) 調達リスク管理のグローバルトレンド 231
 (2) 日本の調達リスク管理の運用実態 233

4．事前のリスク検知に向けた基盤整備 233
 (1) 管理対象とするサプライヤーもしくは部品・商品の選定 234

(2)　管理すべきリスク項目の選定と評価基準の定義　235

　　(3)　調達リスク管理のプロセスの構築　235

5．リスク検知後に取るべきアクション ﹍﹍﹍﹍﹍ 236

　　(1)　"リスク"と判定された事象と要因の整理　237

　　(2)　Tier 1サプライヤーと対象部品・商品の特定　238

　　(3)　納期影響度と生産・販売への影響度の分析　238

　　(4)　対策の検討と実行　238

　　　　①　サプライチェーン構造を変えない場合（原則，短期施策）
　　　　　　239

　　　　②　サプライチェーン構造を変える場合（原則，中長期施策）
　　　　　　241

6．改革ポイント ﹍﹍﹍﹍﹍﹍﹍﹍﹍﹍﹍﹍﹍﹍﹍﹍﹍ 245

　　(1)　Tier 1サプライヤー依存からの脱却　245

　　(2)　開発購買の推進　246

　　(3)　品目横断施策の実行　248

7．調達部門が経営に貢献できること ﹍﹍﹍﹍﹍﹍﹍﹍ 249

第8章 　調達改革　～Procurement Transformation の実現に向けて

第1節　経営に貢献する調達改革　～Procurement Transformationとは？ ﹍﹍﹍﹍﹍ 253

　　(1)　Procurement Transformation（大きな価値創造・経営インパクトを目指す抜本的な調達改革）とは？　253

　　(2)　なぜProcurement Transformationは手付かずだったのか？
　　　　255

　　(3)　DXプロジェクトの起爆剤：Procurement Transformationプロジェクト　256

第2節　Procurement Transformation の進め方 ﹍﹍﹍ 257

　　(1)　全体像　257

CONTENTS　XV

(2) 構想策定・戦略立案で考慮すべきポイント　259

① ありたい姿の設定と実現ステップの検討　259

② 施策検討のポイント：表層的な問題ではなく，根源的な課題に対処　260

③ 改革の鍵の言語化・期待効果の明示：「Why・Whatの重要性」　262

(3) 取組み実行で考慮すべきポイント　265

① 経営の役割：経営，調達，事業が関与する三位一体の体制構築　265

② 現場を助け，経営に意見する事務局の必要性　265

③ 調達関連のIT・テクノロジーとの付き合い方　266

(4) 効果測定・改革の拡大展開で考慮すべきポイント　268

① クイックウィンの実現と共有　〜成功のモメンタムを作り出す　268

② 効果の可視化　〜調達改革の成果指標と測定方法　269

③ ステークホルダーの巻き込み・効果的なコミュニケーション　271

第3節　経営と調達 ·········· 272

(1) 調達部門と経営の対話による視点/視座の引上げ　273

(2) 事業部門に対する統制・牽制　273

(3) 「個別・部門最適」から「全社最適」の実現への昇華　274

おわりに　275

第 **1** 章

見落とされてきた
「調達の力」の可能性

調達購買と聞くと，モノを発注する，手配する，あるいは，「失われた30年」の中で頻繁に各社で行われてきたコスト削減という活動をイメージされる経営層の方が多い。確かにこれは間違いではない。一方で，これだけが企業における調達購買の価値なのであろうか？

　近年，この調達購買を語るとき，日本企業と欧米企業の経営において，その戦略的活用における違いに我々は気付いた。それは，特に調達に対する意識や活動の違いであるが，欧米の経営層はこの調達を経営のために活用することに対して現場任せにせず，経営層自らもしっかり関与しながら調達を企業の改革のレバーの1つとして活用していることである。

　結果として，調達を，単なるコスト削減や手配業務から，ブランド価値向上，イノベーション推進，持続可能な成長への貢献を果たす重要な経営レバーとして活かすことに成功している。

　第1章では，経営に貢献する調達という視点で改革レバーとしての調達の活用に関する概論を論じ，単なる機能としての調達ではなく，戦略的な意味合いを含めた調達が持つ役割について解説していく。

第1章　見落とされてきた「調達の力」の可能性　　3

第1節 | 近年の環境変化がビジネスに与えた影響

(1) グローバル市場の変動

　近年，世界的な新型コロナウイルス感染症の拡大，ロシアによるウクライナ侵攻など各地で起こる紛争，地震や気候変動に伴う大洪水など自然災害の甚大化，米中の関係悪化をはじめとする国家間の不均衡など，世界規模で世の中を揺るがす不確実性が年々高まっていることを日々痛感させられる。これらが企業経営に与える影響も，ビジネスのグローバル化が急加速する今日においては，その影響がより速く，直接的であるため，企業は，機敏で柔軟な戦略を採用する必要に迫られている。このような市場の変動は，企業に対し，破壊的なダメージを与えかねないことを十二分に理解した上で，ビジネスリーダーの方々は常々危機感を抱いてアンテナを張りながら，難しい意思決定を日々行い，事業運営に取り組まれているだろう。

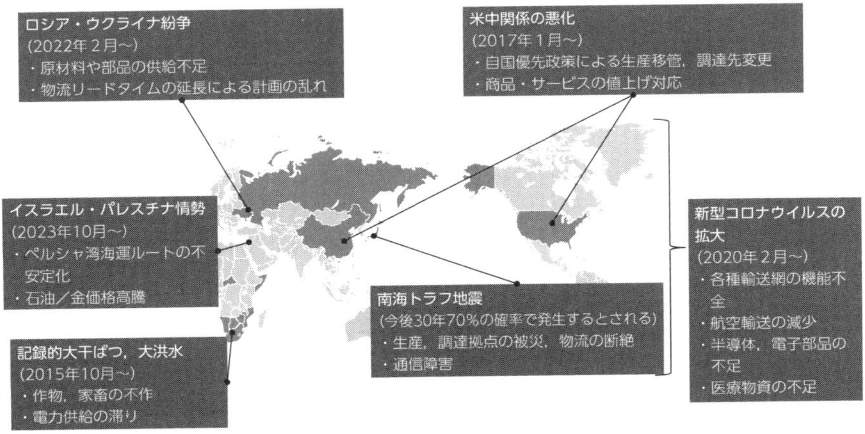

[図表1-1] 企業を取り巻く環境変化

ロシア・ウクライナ紛争
（2022年2月〜）
・原材料や部品の供給不足
・物流リードタイムの延長による計画の乱れ

米中関係の悪化
（2017年1月〜）
・自国優先政策による生産移管，調達先変更
・商品・サービスの値上げ対応

イスラエル・パレスチナ情勢
（2023年10月〜）
・ペルシャ湾海運ルートの不安定化
・石油／金価格高騰

南海トラフ地震
（今後30年70％の確率で発生するとされる）
・生産，調達拠点の被災，物流の断絶
・通信障害

新型コロナウイルスの拡大
（2020年2月〜）
・各種輸送網の機能不全
・航空輸送の減少
・半導体，電子部品の不足
・医療物資の不足

記録的大干ばつ，大洪水
（2015年10月〜）
・作物，家畜の不作
・電力供給の滞り

⑵ 取り残される日本企業

　ビジネスの観点では，前述した外部環境変化の影響を受け，株主をはじめとするステークホルダーからの期待も変化してきている。特に近年では，地球規模の環境変化を受け，"持続可能性"をキーワードに，ESGへの関心の高まりと持続可能性への取組みが，企業に新たな価値観と戦略的アプローチを求めている。企業は環境と社会への影響を考慮したビジネスプラクティスを採用し，長期的なサステナビリティを追求することが求められている。このESGへの対応など，経営の舵取りはより複雑さを増し，高度な意思決定とそれに伴う施策とその実行が必須となってきている。

　ESG経営への舵切りについていうと，危機感とその裏返しの機会を感じ取り，ここに真っ先に動き出したのはグローバル企業である。特に欧米を起点とし，提供する製品，サービスが消費者に直接的または間接的にも近い小売業，食品製造や自動車製造などにおいては，その動きが早かったと記憶する。

　一方で，日本企業においてはどうだっただろうか？　ESG経営に関しては，総論は賛成で，やるべきだとわかってはいるものの，具体的に舵を切るとなると図表1-2からも見て取れるように，グローバル企業からは後れを取った感がある。

[図表1-2] 世界で最も持続可能な企業100社における国別企業数

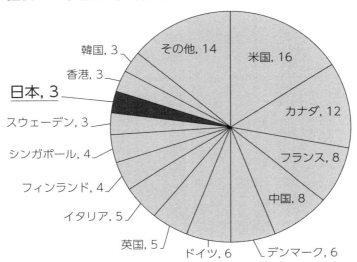

出所：Global 100 Most Sustainable Corporations in the World（Global 100 Index）2024年版より筆者作成
(注) カナダのメディア・投資調査会社「コーポレート・ナイツ」が，売上高10億米ドル以上の上場企業6,000社以上を対象に環境・社会・ガバナンス（ESG）などの観点から持続可能性を評価し，上位100社を選出しているもの。毎年のダボス会議に合わせて1月に発表される。

　戦略的な方向性を定め，舵を切るには多大な投資が求められる。外部環境が目まぐるしく変化する現代において，日本企業はライバル企業との足並みを揃えつつ，周囲の動向を見極めながら追随する形で次の一歩を踏み出すことが常である。一方で，ステークホルダーからの圧力や，新興メガベンチャーが次々と台頭し，瞬く間に競合となりうる現状を直視し，変化に対応しつつ他社に先んじた新たな戦略を打ち立て，実行に移すことが最大の攻めであり守りであると捉え，行動に移せるのがグローバル企業である。このような状況下で，「企業のあるべき姿はどちらか？」と問われれば，ほとんどの経営者は「後者である」と答えるであろう。現状のままでは，この差は開くばかりである。

6

(3) 日本企業が見落としてきた「調達」という改革レバー

　ESGを例に，グローバル企業と日本企業が将来を切り開く際の意思決定の違いを示したが，日本企業がこのような意思決定を繰り返してきた結果，どのような影響が現れているのだろうか。1989年には，世界時価総額ランキングのトップ10のうち7社が日本企業であったにもかかわらず，2024年現在ではその姿は消え，1社も残っていない。この現実が，現在の日本企業の低迷を如実に物語っていないだろうか。

　一方で，このままでよいはずはなく，このような外部環境だからこそ，変化に柔軟に対応し，自社の戦略を積極的に実行する企業こそが，中長期的に市場で成長できる企業であることに異論はないだろう。

　目まぐるしく変わる外部環境において，十分に戦うための条件はいくつかあると考えるが，本書では前述のグローバル企業と日本企業の意思決定メカニズムの違いのほかに，もう1点，実は多くの日本企業が見落としてきた課題に着目したい。それが，「経営と調達」というテーマである。

　次節以降，経営における調達の位置付けに着目しながら，経営貢献のレバーとして調達を活用するために，調達をどのように捉え，考え，行動を変えることが必要か，また，調達が持つポテンシャルを解放することで，企業収益や企業価値を高めるほどの大きな経営インパクトの創出が可能であるかについて論じたい。

第2節　経営戦略における調達の位置付け ～改革のレバーとしての調達

(1) 経営に対する調達のインパクト　～収益拡大に向けた支出コントロール

　前節では，外部環境変化に翻弄され，経営の意思決定において後れを取る日本企業の傾向に加え，もう1点，多くの日本企業で対応すべきテーマとして「経営と調達」という論点があることを述べた。ここで，「経営と調達」と聞い

て，ピンとこない方も多いのではないだろうか。

　調達とは何か。特に経営的な視点でみたときの意味を考えてみたい。

　話を単純化する。収益は営利企業であれば，避けて通れない。次に，収益について考えるとき，少々乱暴ではあるが，単純な式に分解すると

収益＝売上－支出

となる。

　収益を上げるために，一般的には，最初に「売上」に着目する。売上を最大化するために，経営企画部門などが市場獲得のための戦略や中長期レベルでの改革プランを取りまとめる。これらを対外的に発表し，ステークホルダーに説明し，それが市場へのコミットとなる。その戦略を実現するために，今度は具体的なプランを各事業部門などが緻密に策定する。次に，戦略実現のために，体制や組織の変更を加える。その後，必要に応じて，具体的な業務の修正や変更を行い，その変更した業務を支えるシステムの改修や新規のシステム導入なども行う。以上が，非常に単純化した一般的な活動である。

　この活動自体は，ごく一般的なことであるが，「売上」に関することであれば，これら一連の活動を行う場合，経営はもちろん，企画部門，マーケティング部門，開発部門，営業部門など，経営から現場まで，まさに全社一丸となって取り組むのが常であろう。

　一方，収益を上げるためのもう片方の手段には「支出」をコントロールすることが挙げられるが，ここについてはどうだろうか。支出には，人件費や社外の取引先から調達するモノやサービス費等があるが，これらに対して「売上」と同じように，経営から現場まで全社一丸となって取り組んでいるだろうか？

[図表1-3] 収益拡大のための取組み

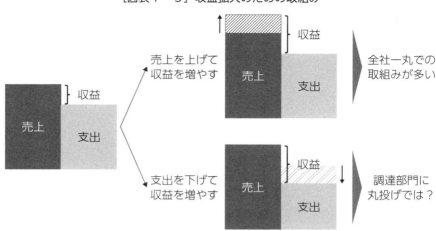

(2) 経営に対する調達のインパクト　～販売機会拡大への貢献

　収益（収益＝売上－支出という式）の観点から，支出，特に調達に関してはコスト管理による収益貢献についてフォーカスしたが，「調達＝コストコントロール」だけに話は留まらない。

　調達をコントロールするということは，商品，サービスの売上拡大にもつながる話である。販売する製品やサービスの需要が高い場合，それらの市場投入が追い付かなければ，いわゆる"売るものがない"状態となり，販売の機会をロスすることになる。調達をコントロールすることは，売りたいモノやサービスを構成する材を，必要なときに，必要な量を，適切な価格で仕入れ，製造と連携できていることである。よい調達ができることは，この売上の機会を逃さない，売上拡大の前提条件でもあり，表裏一体の重要な活動と捉えることができる。

　以上のような論点もよく取り上げられることだと思われる。収益を上げる話であり，売上を上げる話にもつながるのが「調達」であることを再認識いただいた上で，もう一度自社の状況を振り返っていただきたい。売上拡大についてであれば関心も高く，いろいろな指標も可視化され，経営の方も定量化された

進捗状況を数字として把握し理解されているだろう。一方で，調達に関する可視化や，定量的な進捗状況把握は同様にできているだろうか。調達に関しては部門任せになっており，経営が調達の状況を把握できていないのではないだろうか？

　経営における調達の重要性を再認識いただけたならば，売上や収益拡大など，トップライン側で，経営貢献に直結する「調達」というテーマに関しても，部門任せにせず，経営もしっかり関与すべきであるとの認識を持っていただいてよいのではと思う。

(3) 経営に対する調達のインパクト　～改革レバーとしての調達の経営貢献

　調達の経営インパクトという点では，調達コスト削減，売上拡大への貢献に限らない。近年，多くの企業がより力を入れているイノベーションやブランド価値向上など，多くの課題に対する解決策にも貢献する。これは，調達が単にコストを削減すること以上の目的を持ち，サプライチェーンの最適化，品質の向上，そして新しい市場機会へのアクセスの力強い後ろ盾となることを意味する。

[図表1‐4] 調達が経営にもたらすインパクト

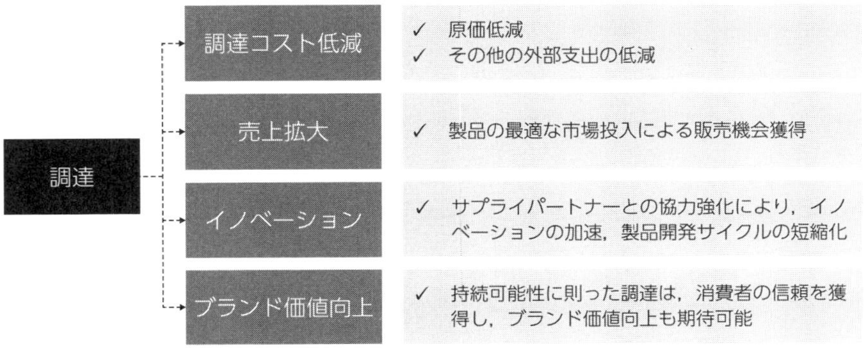

調達	調達コスト低減	✓ 原価低減 ✓ その他の外部支出の低減
	売上拡大	✓ 製品の最適な市場投入による販売機会獲得
	イノベーション	✓ サプライパートナーとの協力強化により，イノベーションの加速，製品開発サイクルの短縮化
	ブランド価値向上	✓ 持続可能性に則った調達は，消費者の信頼を獲得し，ブランド価値向上も期待可能

① イノベーションへの貢献

　調達はサプライヤーとの長期的な関係構築にも重点を置いている。特に近年値上げ基調での市場での調達活動において，強固なサプライヤーとの関係構築を行うことは，コスト削減だけでなく，品質の向上や新技術へのアクセスをもたらす可能性を秘めている。

　この強固なサプライヤーとの関係構築は，近年，特に，イノベーションの推進においても，重要なポイントになっている。実際，従前のコスト削減を中心としたサプライヤーとの関係においては，サプライヤーを「一調達先」に過ぎないとする考え方が根強くあった。したがって，一方的な要求という形で，サプライヤーと交渉するスタンスを取られていた企業は多いと思われる。しかしながら，近年，調達においても，サプライヤーを自社戦略実現の重要パートナーとして再定義し，イノベーションを推進するために，技術革新を促進するサプライヤーを選定し，共同研究開発プロジェクトを立ち上げ，戦略的なコミュニケーションや関係を重要視しながら連携強化を推進する企業が増えている。

　例えば，自動車業界における電動化の波は，140年ほど続いている化石燃料によるエンジンから，バッテリー技術や電動モーターへの移行過程に伴う，新技術への需要を短期間で飛躍的に高めている。このような技術的な要求に応えるために，多くの自動車メーカーは，革新的な技術を持つサプライヤーとの深い協力関係を構築している。これらの協力関係は，新製品の開発を加速させると同時に，コスト競争力のある製品を市場に提供するための基盤にもなっている。調達がイノベーションを促進するメカニズムとしても機能するためには，企業はサプライヤーとの関係を単なる取引の枠を越えたパートナーシップとして捉え，ともに新しい価値を創造する姿勢が必要になってくる。

　さらに，デジタル技術の進化は，調達におけるイノベーションの推進を加速させている。ビッグデータ分析やAI（人工知能）を活用することで，需要予測の精度を高め，在庫管理を最適化することが可能になる。また，ブロックチェーン技術を用いたサプライチェーンの透明性の向上は，製品のトレーサビリティを高め，消費者への信頼性を確保するための重要な手段となっている。

　以上から，調達におけるイノベーションの推進は，企業が新しい市場機会を

捉え，競争優位性を確立する鍵の1つであることがわかる。これを実現するために，調達部門だけでなく，経営層や開発部門，マーケティング部門といった企業内の様々な部門が協力し，外部のサプライヤーとも積極的に連携することが重要になってくる（調達の世界では「戦略的サプライマネジメント」と呼ぶ）。こうした全社的な取組みにより，調達は単なるコスト管理の機能を越え，企業の成長とイノベーションを支える重要な役割を果たすことができるのである。

②　ブランド価値向上への貢献

　調達のブランド価値向上への貢献は，近年，企業の持続可能性と社会的責任（CSR）への注目が高まる中で，特に重要な役割を果たしている。持続可能性に配慮した調達は，単にコスト削減や効率化を越えた価値を企業にもたらし，最終的に消費者の信頼を獲得し，ブランド価値を高める効果がある。

　例として，国際的なアパレルブランドが挙げられる。このブランドは，サプライチェーン全体での持続可能性を実現するために，有機栽培された綿やリサイクル素材の使用を積極的に進めている。この取組みは，製品の環境への影響を最小限に抑えるだけでなく，環境保護に積極的に取り組むブランドイメージを強化し，消費者からの高い評価を受けている。サプライヤーとの協力関係を深めることで，エコフレンドリーな素材の安定供給を確保し，持続可能なファッションの提供が可能になっている。

　エネルギー業界では，再生可能エネルギーの調達や，環境負荷の低い生産プロセスの導入が，企業の環境への配慮を示し，ブランド価値の向上に寄与している。これらの企業は，環境保護に対する社会的な要求に積極的に応えることで，顧客からの信頼を獲得し，ブランドのポジティブな認知を高めている。

　持続可能性に配慮した調達は，企業のリスク管理にも貢献している。サプライチェーン全体での環境基準の厳格化は，将来的な規制の変更によるリスクを軽減し，長期的な事業の持続可能性を確保する。このように，調達活動を通じて環境と社会への責任を果たすことは，企業のリスクを管理し，安定した事業運営を支援すると同時に，ブランドの信頼性と魅力を高めることにもつながる。

　これらの事例から明らかなように，調達はブランド価値を向上させるための

重要なレバーであり，持続可能性に対する企業のコミットメントを消費者に対し，具体的に示す手段としても機能する。消費者の間でエコフレンドリーな製品やサービスへの関心が高まる中，調達の戦略的な管理，企業における市場への説明責任は，企業の競争力を高めるとともに，社会的な価値創出にも寄与することができる。したがって，調達を通じてブランド価値を向上させる取組みは，経営戦略の中心的な要素として位置付けられるべきであり，企業はこれを積極的に追求することで，持続可能な成長と社会的な貢献を実現することが可能となる。

　ここまで，調達によるイノベーションへの貢献，ブランド価値向上への貢献の可能性について言及してきた。調達をうまく活用することで，経営に大きく貢献できることがイメージできたのではないかと思われる。では，経営が調達に関与せず，現場任せの改革を行ってきたことで，これまで多くの企業でどのような失敗があったのだろうか。また，具体的に経営が調達に関与するとはどういうことなのだろうか。
　次節では，経営に貢献する改革レバーとしての調達に対し，どこにフォーカスして考え，メリハリをつけながら関与していくべきかについて述べたい。

第3節　日本企業の勘違い「調達＝発注オペレーション業務」

(1)　調達の誤解：受動的な役割への誤った認識

　前節までで，調達は，「収益拡大に向けた支出コントロール」や「販売機会拡大への貢献」「イノベーションへの貢献」「ブランド価値向上への貢献」が可能であり，経営における重要な改革レバーになりうると述べた。しかしながら，実際に自社の調達に目を向けてみた場合，そのように調達を改革レバーとして活用し，活動できているだろうか？
　そこで，調達購買の実態を見ていくことにするが，その業務範囲は広く多岐にわたる。話を単純化することで理解を早める目的で，経営層の方向けに調達

のプロセスを示したのが図表1－5である。

[図表1－5] 調達購買プロセスと日本企業の現状

調達購買業務は，大きく2つに分けられる。前工程である「調達業務」と後工程である「購買業務」である。調達業務は，サプライヤーを品質（Quality），コスト（Cost），納期（Delivery）の観点，いわゆるQCD観点から選定する戦略的な活動を指す。一方，購買業務は，調達業務で決めた条件に基づき物品やサービスを手配するオペレーショナルな活動を指す。

これまで，そして現在でも，多くの日本企業では，「調達購買業務」というと，モノやサービスを手配する「発注オペレーション業務」をイメージすることが多い。よくある例としては，「調達購買改革プロジェクト」と称して，数十億円を投資して調達購買システムのリプレイスを行うケースである。このシステムリプレイスはあくまで現場の煩雑業務である購買業務（発注・手配等）をデジタルツールで置き換え，効率化が進む典型的な例である。しかしこれは，現場にとっては嬉しいことであるものの，それ以上の経営的な視点でのインパクト，すなわち付加価値を生み出したかという観点では，成果が出ていないといわざるを得ない，典型的な例でもある。

似たような話では，直接材（製品を構成する直接的な材など）に関して，専門部署としての調達部門が存在し，生産部門や物流部門と連携しながら事業活動を円滑かつ効率的に進める購買のオペレーション業務の構築を成功させるという事例がある。しかしながら，発注や手配を中心とした購買オペレーション

の効率化は，現場の業務負荷を軽減するという点では歓迎されるかもしれないが，経営の視点から見ると，その先にあるサプライヤーを巻き込んだイノベーションの推進や，コストの抜本的な削減を目指した付加価値の高い活動と成果に結び付くことは少ないため，やはり成果が出ているとはいえないということが，多くの企業で見受けられる。

このような状況に見られるように，「調達購買といえば，発注，手配をやっている部門」で「経営には何もインパクトしない」という誤った認識がいまだに存在する。しかしこれは，日本企業における大きな勘違いであるため，今すぐにでも認識を改めるべきである。

本来，経営的なインパクトという意味での調達購買活動の強化を考えるなら，前工程の調達業務について考えるべきである。前工程の調達業務（＝QCDを最大化するために取引先を選定する戦略的な業務）がこれまで述べてきた価値を生み出す源泉である。そのため，いかにして調達業務にリソースを投入し，強化するかが本質的な論点である。

(2) 調達業務強化の難しさ

前工程である調達業務の重要性についてはご理解いただけたと思うが，次に気になるのは，必然的に「調達業務の強化」はどのように行うものか，という点であろう。多くの日本企業にとって調達業務の強化は重要な課題でありながら，実は難しい挑戦でもあるのが現実である。その理由は，調達購買業務が「調達業務」と「購買業務」に分かれ，それぞれの業務に異なる性質があるためである。

前述したように，調達業務は，品質（Quality），コスト（Cost），納期（Delivery）の観点から最適な取引先を選定する戦略業務であるが，この遂行には，市場調査，取引先調査，調達材やサービスに関する知識，取引先との交渉力，査定力，契約等に関する法律知識など，多くの高度な専門性とスキルが求められる。これに対して，購買業務は発注や手配などのオペレーション業務であり，比較的マニュアル化やシステムによる効率化が進めやすい領域である。

このような構造的な違いから，「調達業務の強化」は簡単なマニュアル化やシステム化で解決できる作業ではなく，時間とコストを要するものとなる。

[図表1-6] 調達業務の強化

「量」への対策

【リソースシフト】
・購買業務を効率化。ヒト・モノ・カネを調達業務へシフト

「質」への対策

【人材育成＋システムサポート】
・研修，OJT，外部内部知見者の伴走によるスキル注入
・テンプレートの搭載やワークフローによるプロセス統制

　調達業務を強化するためには，高い専門性とスキルを持つ人材の確保が先決である。しかし，これらのスキルを持つ人材は市場に少なく，内部での育成にも長期間と高いコストがかかる。特に，交渉力や契約に関する知識は，実践を通じて徐々に習得するものであり，即戦力となる人材を短期間で確保・育成することは困難である。

　さらに，一般的に調達購買部門に限らず，企業における部門への人員配置数には制約があるため，内部異動だけで，急に調達購買部門の人数を増やすことは難しく，調達業務の強化を目指す場合，調達購買部門内部での人材のリソース配分を見直す必要がある。購買業務の効率化が成功しても，その時間やリソースを調達業務の強化にどれだけ効果的に再配分できるかは，組織の柔軟性や教育や育成への取組みなど，戦略的視野を持ってこれらを遂行できるかどうかに依存する。

　調達業務の強化は，単に人材やリソースといった「量」を確保するだけではなく，組織全体の戦略的な取組みとして「質」の確保の観点でも捉える必要がある。また，外部からの人材を受け入れることが認められた場合，今度は社内外の関係者との連携を深め，共通の目標に向かって努力することも求められる。これは，調達部門だけの取組みに留まらず，経営層を含む全社的なサポートが必要となるため，組織文化や価値観の改革を伴うことも少なくない。

調達業務の強化は，単に業務プロセスを見直すだけではなく，人材の育成，組織構造の改革，社内外のステークホルダーとの連携強化など，多面的なアプローチが必要である。これらの取組みを総合的に進めることで，はじめて調達業務の真の強化が実現し，企業の競争力を根本から高めることが可能となる。

第4節 | 本来の調達の役割

ここまで論じてきた，日本企業の勘違いである「調達＝発注オペレーション業務」については，経営層の方から真っ先に，その考えを改めるべきであるが，その上で，「調達が経営に貢献できる」というのはどういう状態であるか，あるべき姿としてより具体的にイメージを持っていただく必要がある。「調達」を戦略的に活用すれば，売上向上にも，新製品やサービスのイノベーションにも，ブランド価値向上にも使えることに，欧米の先行企業の経営層は早くから気付いており，その研究も実行もはるかに進んでいる。

このことを念頭に置いて，大企業の経営者は，トップラインを上げるために営業やマーケティングの戦略的な活動に関与するのと同様に，調達に関してもビジネスの目標と調達戦略が一致するような大きな戦略や方向性を示し，その推進への関与にも努めるべきである。

このような調達への経営の関与が，調達部門等の現場においても動きを変える引き金になる。調達オペレーションという狭い視野に留まらず，現在行っている調達活動の1つひとつが，全社のイノベーションや持続可能性など，現代のビジネス環境で要求される要素につながっていくことを意識することが，調達戦略実現に向けた真の意味での行動改革につながるのである。その行動は，さらに，サプライヤーとの関係を単なる取引の枠を越えた戦略的パートナーシップとして発展させることで，共同で価値を創造し，サプライチェーン全体の競争力を高めることにもつながる。企業のリスク管理にも貢献することが可能になり，サプライヤーの多様化や代替材料の検討を通じて，供給リスクを低減し，事業の持続可能性を保証するといった活動を加速させるのである。これは，不測の事態に対する企業のレジリエンスを高め，長期的な視点で企業価値を守ることにもつながる。

第1章　見落とされてきた「調達の力」の可能性　　17

　経営が，経営視点で調達を捉え，調達を経営戦略の一部として統合し，その潜在力を解放することが，現代のビジネス環境において成功するための不可欠な要素といっても過言でないのではないだろうか。

第5節 | 調達改革による収益向上のポテンシャル

(1) 「購買業務の効率化」とその限界

　購買業務の効率化は，多くの企業が取り組むコスト削減策の1つであり，直接的な内部費用削減効果を期待できることは先述した。この効率化は，プロセスの見直し，システム導入，デジタル技術の活用などによって進められる。特に，発注プロセスの自動化，電子調達システムの導入，発注から支払までのプロセスを一元化することで，作業効率の向上による調達コストの削減が図られる。

　しかし，この購買業務の効率化には限界がある。効率化によって達成できるコスト削減の規模は，企業規模，過去の取組み状況により一概にはいえないが，一般的な上場企業であれば，数億円程度に留まることが多いであろう。購買業務の効率化は，それ自体が企業活動の一環としては重要であるものの，企業全体の収益に対する直接的な貢献度では限定的である。効率化によるコスト削減は間接費の範囲内での改善に過ぎず，企業全体の収益向上には限定的な影響しか及ぼさない。

　さらに，購買業務の効率化は内部プロセスの改善に注力するため，外部環境の変化への対応や戦略的な調達活動といった，より広範な視野での取組みにはつながりにくい。例えば，市場の変化に伴う新しいサプライヤーの開拓や，価格交渉によるコスト削減，品質向上に向けたサプライヤーとの協働など，調達活動の戦略的な側面は，単なる業務効率化の範疇を越える。

　このように，購買業務の効率化は，企業運営の基盤として必要不可欠な活動ではあるものの，経営視点での大きなインパクトを期待するには不十分である。企業が真の収益向上を目指すには，購買業務の効率化を越えた外部支出全般に対する調達活動の戦略的な改革が必要となる。調達活動を経営戦略と密接に連

携させ，市場の変化に柔軟に対応しながら，コスト削減だけでなく，品質，イノベーション，サプライチェーンの最適化を通じて企業全体の価値を高める取組みが求められるのである。

購買業務の効率化は，企業の収益向上への第一歩であると同時に，その限界を認識し，調達活動のより戦略的な改革に向けた出発点とすべきである。企業は，効率化を越えた調達活動の価値を理解し，経営戦略と調達戦略が一体となった形で，持続的な成長と競争優位を実現するための改革に取り組む必要がある。

[図表1-7] 購買業務効率化の効果は限定的

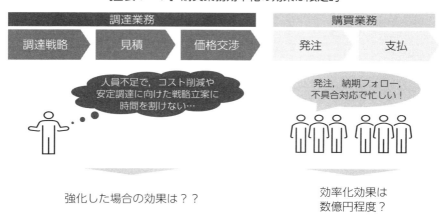

(2) 「調達業務の戦略的転換」と成果の規模

購買業務の効率化に留まらず，調達業務の強化に向けた戦略的転換は，企業が直面する経済的・社会的課題に対応し，持続可能な成長を実現する上での鍵となる。この転換は，購買業務の効率化を大きく越える収益向上の機会を提供する。具体的には，価格交渉によるコスト削減，品質向上，安定調達への貢献など，多岐にわたる。これらの取組みにより，数十億円から100億円超規模の収益向上インパクトが見込まれ，企業の競争力を根本から高めることが可能となる。

調達業務の強化は，企業にとって継続的な挑戦であるが，現代のビジネス環境において成功するための重要なステップである。

(3) 「購買業務×調達業務」の統合的改革

購買業務の効率化と調達業務の戦略的転換を統合することは，企業の調達機能を根本から改革し，これまでにないレベルでの収益向上と企業価値の増大を実現する可能性を秘めている。購買業務と調達業務の統合的改革は，単なる内部プロセスの効率化を越え，企業全体の戦略的方向性と密接に連携することで，マーケティング，売上，イノベーションに至るまでの広範な影響を及ぼす。

[図表1－8] 調達部門が目指すべき姿

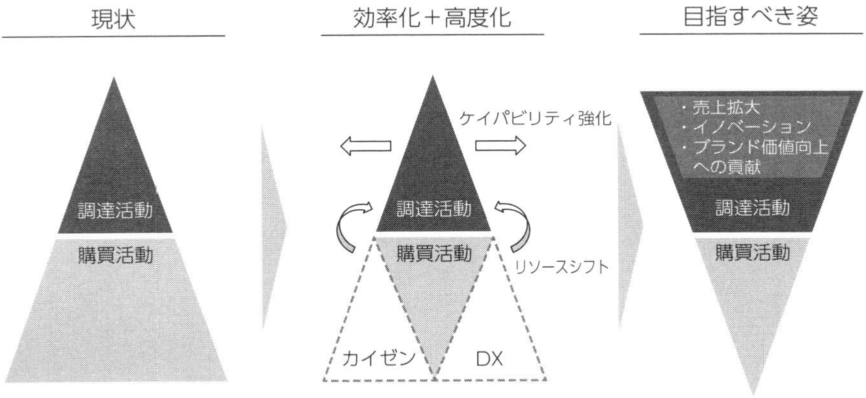

現状　　　　　　　　効率化＋高度化　　　　　　目指すべき姿

ケイパビリティ強化

・売上拡大
・イノベーション
・ブランド価値向上
　への貢献

調達活動

購買活動

調達活動

購買活動

リソースシフト

カイゼン　DX

調達活動

購買活動

① 統合的改革の意義

購買業務の効率化は，主に内部プロセスに焦点を当てた取組みであり，その成果は内部工数の削減に限定されることが多い。対照的に，調達業務の戦略的転換は，サプライヤーとの関係構築，市場の変化への対応，新しいビジネスチャンスの探求など，より広範な視野に立ったアプローチを必要とする。これら2つの活動を統合することとは，購買業務の効率化を業務改善活動やデジタルツールの活用によって進め，効率化で出てくるリソースを調達業務側に充当することを指している。企業としては，限りあるリソースを，投資対効果を考

え再配分することになる。これにより，最適効率化された内部プロセスと戦略的な外部環境対応が融合し，調達の機能が全面的に強化される。これはすなわち，経営に貢献する調達の活用を意味する。

② 統合的改革のアプローチ

(a) プロセスと戦略の融合

購買業務の効率化で培ったプロセスの最適化やシステムの活用を，調達業務の戦略的転換に応用する。これにより，戦略的調達活動も効率的に実施され，迅速な市場対応やサプライヤーとの協働が実現される。

(b) データドリブンの意思決定

購買データと市場データを統合し，ビッグデータ分析やAIを用いて調達戦略を策定する。これにより，コスト削減だけでなく，リスク管理，イノベーションの機会発見など，多方面にわたる意思決定をデータに基づいて行うことが可能になる。

(c) 組織横断的なコラボレーション

購買部門と調達部門だけでなく，マーケティング，R&D，販売など他の部門とも密接に連携し，企業全体の目標達成に貢献する。このような組織横断的なコラボレーションにより，調達活動が企業全体の戦略的イニシアティブを支援する役割を果たす。

③ 成果の規模と影響

購買業務と調達業務の統合的改革による成果は，単なるコスト削減を大きく越える。このアプローチにより，企業はサプライチェーン全体の効率化，市場での競争力の向上，新しいビジネスモデルへの転換など，経営レベルでの大きなインパクトを生み出すことができる。具体的には，調達業務の高度化のみで期待される成果の数倍に相当する収益向上への貢献が見込まれ，これにより企業は新たな成長機会を捉え，持続可能な競争優位を構築することが可能になる。

統合的改革は，調達機能の根本的な見直しと強化を通じて，企業全体のパ

フォーマンスを飛躍的に向上させる機会を提供する。このような取組みは，企業が直面する複雑なビジネス環境において，持続可能な成長を実現するための重要な戦略的選択である。

(4) 調達改革による企業文化と経営戦略への影響

調達改革は，その実践において，企業の経営戦略だけでなく，企業文化にも深い影響を及ぼすことができる。この改革は，企業が対外的な取引先とどのように関わっていくか，そして社内での意思決定がどのように行われるかに対しても，根本的な変化を促す。調達の戦略的位置付けを経営層が深く理解し，経営戦略と一体となった調達戦略を推進することで，企業は持続可能な成長と競争優位を実現するための新たな基盤を築くことができる。

① 企業文化への影響

調達改革を進める過程で，最も顕著な変化の１つが企業文化の変化である。従来，調達部門はコスト削減の手段としての役割が強調されがちであったが，コスト削減を含む調達改革においては，部門やグループ企業に横串を刺しながら行うことが多く，それゆえに実行のハードルは高いのも事実である。しかしながら，この実行にあたっては，調達部門のみで行うのは現実には困難なため，経営の関与や部門，グループ企業の協力を得ながら進めていくことになり，これらを実行に移していく段階では俗にいう縦割り組織の壁を乗り越えることになる。この改革活動により，調達部門はイノベーションの推進者，戦略的パートナーシップの構築者といった新たな役割を担うようになる。これにより，社内での調達部門の位置付けが変わり，企業全体の目標達成に向けた協力体制が強化されることにもつながるのである。

さらに，調達改革は企業が外部のサプライヤーやパートナーと関わる方法にも影響を与える。価格交渉だけでなく，共同でのイノベーションや持続可能性への取組みを重視する文化が醸成されることで，企業はより強固なサプライチェーンを構築し，長期的な競争優位を確立することが可能になる。

②　経営戦略への影響

　調達改革は経営戦略にも直接的な影響を与える。調達の戦略的位置付けが明確になることで，企業は市場の変化に柔軟に対応し，イノベーションを加速させることが可能になる。また，調達によるコスト削減だけでなく，価値創造の源泉としての役割が強調されることで，新たなビジネスモデルや収益源の開発につながる。

　経営層は，調達改革を通じて，企業の持続可能性と社会的責任を強化するための戦略を策定することができる。例えば，環境に配慮した調達方針の採用や，倫理的なサプライチェーンの構築を通じて，企業のブランド価値を高めることが可能になる。

　調達改革は，企業が直面する複雑なビジネス環境において，競争優位を築き，持続可能な成長を実現するための重要なステップである。企業文化と経営戦略に対するその影響は深く，経営層が調達の戦略的価値を理解し，全社的な取組みとして調達改革を推進することが成功の鍵となる。調達改革を進めることで，企業は不確実性が高い市場環境においても，新たな価値を創出し，持続可能な競争力を確立することができるだろう。

　次章からは「経営に貢献する調達」への戦略的な転換を行っていく上での鍵や注意点など，より踏み込んで解説したい。

補論①

経営者が知っておくべき調達の10のポイント

　ここで，経営者が押さえておくべき調達の重要項目を10点挙げ，一部陥りがちな罠と絡めて説明したい。経営者にとっては周知のことと思われるが，調達を理解する上での基礎的な内容なので，ぜひご一読いただきたい。

■経営者が知っておくべき調達の10のポイント

1　調達の機能（複雑化する調達への要求，経営から見えない成果）
2　調達と購買（両者の違いは？　より付加価値が高いのはどちらか？）
3　組織・機能再編（集中すべきは管理・牽制機能）
4　業務コストと調達コスト（調達コストの適正化こそ鍵）
5　着目すべき品目（見落とされがちな間接材）
6　取り組むべき対応のパターン（集中・集約化による弊害の排除）
7　経営，調達，事業の三位一体の体制（調達だけが動いても効果は出ない）
8　営業戦略の裏返しが調達戦略（鏡写しのフォーメーション）
9　顧客接点と同様に重要なサプライヤー接点（CRM vs SRM）
10　調達人材のスキル，育成，動機付け

1　調達の機能（複雑化する調達への要求，経営から見えない成果）

　調達の現場は，経営にとって重要な戦略基地であるにもかかわらず影が薄い。それは，価値ある仕事をしているのに，成果が周りに見えていないからではな

いだろうか。

一般的に，経営から調達への期待は，QCDの向上と，ESGへの対応である
といわれ，その取組み内容はますます複雑化している。とはいえ，調達が最終
的に目指すべきものは，やはり，

① コスト削減（あるいは適正化）
② 安定調達
③ 業務効率化
④ 調達ガバナンス強化

による経営貢献に集約されるだろう。

①コスト削減（あるいは適正化）の創出は，ダイレクトに企業利益を生み出
し，②安定的な調達の実現は，事業運営の継続に貢献する。また，③業務の効
率化は，円滑な事業活動を支援するだけでなく，業務コストの適正化にもつな
がり，④調達ガバナンスの強化は，環境問題やコンプライアンス課題への対応
として，自社の存続に貢献する。つまり，よく裏方的な機能といわれる調達業
務の現場は，実は，企業経営にとって極めて重要な戦略基地なのである。

しかしながら，こうした調達機能の成果，言い換えれば経営へのインパクト
は，意外と見えて（＝管理できて）いないというのが，多くの企業の現状であ
る。調達の成果を正しく認識できないことが，経営の調達課題改善に対する意
思決定を不全なものにし，それが結果として，調達による本来の経営貢献を限
定的にしてしまうのである。

[図表①-1] 調達部門の役割と経営の悩み

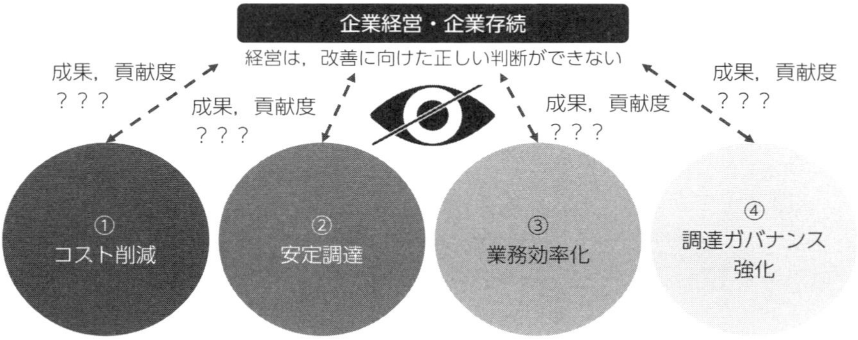

補論①　経営者が知っておくべき調達の10のポイント　　25

　もし調達課題に対して何らかの手を打ちたいというのであれば，まずは，調達活動の現状とその成果の可視化について考えてみるべきではないだろうか？

②　調達と購買（両者の違いは？　より付加価値が高いのはどちらか？）

　経営が調達に期待するのは，企業価値を高めるための高付加価値業務である。極論すれば，それは調達（Sourcing）であって，購買（Purchasing）ではない。つまり，限られたリソースは，可能な限り調達にシフトすべきである。

　ここで，調達と購買という言葉の意味，違いについて触れておきたい。調達と購買は，かつては同義語であり，区別されることは稀であったが，昨今は，明確に違う意味で用いられてきている。前者は，「どこから，いくらで，どう有利な条件で買うか」を熟考するプロセスを指し，後者は，「決められたとおりに，発注，受入れをし，代金を支払う」ことを指している。欧米では，以前から前者をSourcing，後者をPurchasingと使い分け，それらを総じてProcurementと呼んできた。しかしながら，日本では両者の区別はずっと曖昧なままであり，その証拠に，両者を統合したProcurementに対する適格な日本語訳がない。最近では，両者統合の意味で，プロキュアメントという外来語を使うこともあるが，これもここでいう購買（Purchasing）をイメージしている例も多く，まだまだ両者の違いがはっきり認識されているとは言い難い。そのため，まずはここで，調達と購買は，前工程（＝企業価値を創造する付加価値業務）と後工程（＝日常のオペレーション業務）の関係であり，両者は前後関係にあるものの，機能的にも，意義的にも，別物であることをしっかり定義しておきたい。

　その上で，実際の調達活動の現場を見てみよう。多くの企業において，やはり調達活動といえば，後工程のオペレーション業務をイメージしてはいないだろうか。そして，実際に，そこに多くのリソースを従事させてはいないだろうか。もちろん，そこには付加価値業務を担う担当者もいるはずだが，調達と購買の境界線が曖昧であるために，受発注の処理や納期調整等の日ごろのオペレーション業務に忙殺され，付加価値業務に割くべき能力と時間を無駄にして

しまってはいないだろうか。日常業務は、事業継続のために重要なことはいうまでもない。しかしながら、経営が調達に本来期待することは、前項で述べた、①コスト削減（あるいは適正化）、②安定調達、③業務効率化、④調達ガバナンス強化のすべてのはずである。よって、その最大化に向けた戦略の立案のほうが、より付加価値が高いことは自明である。

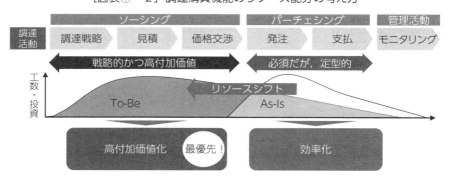

［図表①-2］調達購買機能のリソース配分の考え方

3 組織・機能再編（集中すべきは管理・牽制機能）

　集中だけが解ではない。品目特性や企業文化に応じて、多様なパターンが存在する。ただし、管理・牽制機能だけは、中央集権を目指したい。

　まず調達組織・機能のあり方について述べてみたい。基本的に、中央の組織が全社横断的に調達活動を統制することは、調達活動による経営貢献をコントロールする上で有効であることは確かである。だからといって、一連のプロセスすべてを1か所に集約することは、必ずしも正解ではなく、また現実的でない。基本的に、広義の調達における基本機能は、①調達機能（Sourcing）、②購買機能（Purchasing）、③購買管理機能（Managing）である。それぞれを、企業のどこの部門の誰が担うのが最適かは、調達する物品やサービスはもちろんのこと、企業規模や組織体系、組織間の力関係を含む企業文化等により異なる。よって、調達組織を再編するには、それらを検証しながら、慎重に設計し

ていく必要がある。

　とはいえ、あるべき姿について極論するならば、自社の調達ポリシーや実行ルール等の管理・牽制を中央で掌握できる体制やそれを支える仕組みがしっかり構築できさえすれば基本的に問題ない。もし、それが可能であれば、各種機能が分散していてもかまわないのだ。むしろ分散させたほうが、デリバリー面で有効な場合もある。

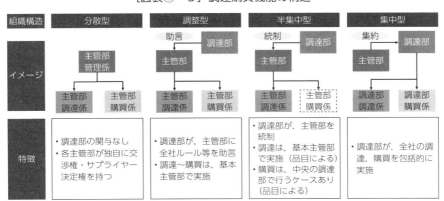

[図表①-3] 調達購買機能の構造

　上図は、調達購買領域の管理を、典型的な4パターンに整理したものである。とはいえ、調達している品目カテゴリ、調達規模、ロケーション等を考慮して、実際のところは、これら4パターンを複合的に組み合わせるケースが多い。重要なのは、一部の品目や機能を分散させるにしても、管理・牽制機能は中央に集約し、統制が取れる状態をつくることである。

4　業務コストと調達コスト（調達コストの適正化こそ鍵）

　人員を整理することによる「業務コストの削減」と、人員を強化することによる「調達コストの削減」は、その価値を経営視点で比較するに、後者に軍配が上がる。

　業務コストの適正化の対象として、調達部門自身の業務の見直し、すなわち、

購買部門のオペレーション改革がある。調達部門は日常業務に追われ，常にバタバタが目立つため，業務効率化は，さぞ効果的に映るかもしれない。しかしながら，基本的に，効率化による効果を期待すべきは，後工程の購買業務（受発注を中心としたオペレーション業務）のみといってよい。購買業務の効率化による業務コストの削減（≒内製工数の削減）は，機械化や自動化，BPO化等により，ある程度実現できる可能性があるのは間違いないからだ。

　一方，前工程の調達業務（ストラテジックソーシングを牽引する業務）は，効率化というよりはむしろ，単価の高い優秀な人材による内製工数を増やし，さらには，より高度化すべき業務である。前工程の調達業務は，利益を生み出す知的活動である。十分に目が行き届いていない水面下の調達コストを可視化し手を打つことは，調達業務の整理でもたらされる効果より，はるかに価値の高い適正化効果が期待できる可能性があるのである。

　これを理解せずに，一律に調達購買業務を整理し，要員削減によって業務コストを下げようとするのはナンセンスだ。全社コスト適正化を目指した調達部門の人員の削減は，一時的には効果が期待できるかもしれない。しかし，調達活動に従事する人材の戦略的増強は，彼ら/彼女らの働きによって継続的な調達コストの適正化（＝利益の創出）が期待される，全社的かつ中長期的に見て極めてコストパフォーマンスの高い投資なのである。

[図表①-4] 業務コストVS調達コスト

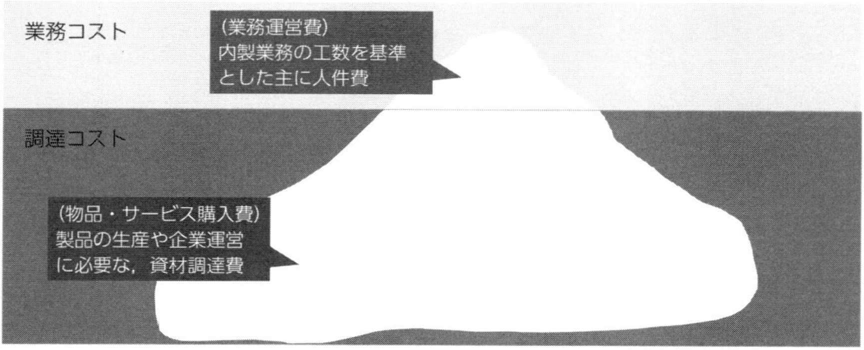

⑤ 注目すべき品目（見落とされがちな間接材）

　外部流出コストの適正化に向け，見落とされがちなのは間接材である。その中でも業務委託費は，取組み難易度は高いが効果が出やすい領域である。

　ここでおさらいだが，調達品目には，直接材と間接材がある。企業の業務特性によって，勘定科目レベルでの振り分けは異なるが，基本的に，前者は売上や利益に直結するもの，後者は業務を進める上で補助的に必要な購買品とされる。いずれも経営にとって重要な品目ではあるが，どちらが重要かといえば前者であるとされることが事実で，ほとんどの企業は，直接材調達にまず注目し，時間をかけて全体最適化を進めてきた。具体的には，中央による購買管理を徹底し，サプライチェーンの改善にまで踏み込んで，主体的な対応がとられてきている。一方，間接材も，企業運営の必需品であるという点で，重要なことはいうまでもない。しかしながら，まだまだ対応が劣後している（＝管理レベルが低い）企業が多いことも事実である。

　間接材に対するイメージとして「汎用的な資材，また単価が比較的低めの物品」という経営の先入観から，多くの場合，調達（Sourcing），購買（Purchasing），そして管理（Managing）の遂行も，部署や拠点単位で個別に行われてきた。この進め方は，現場で小回りが利く一方，弊害も多く，経営目線でコスト適正化を考えた場合，都合の悪い点が多い。一番わかりやすい例が，類似した品目を異なる部署や拠点単位で個別管理しているがために，価格のバラツキによる不利な購買が発生していても，会社としてその事実を把握できない場合である。仮に，怪しい品目について調査しようにも，全社横串で評価できないために対策は後手となる。「涓涓塞がざれば終に江河となる」である。単価レベルでは極小でも，無駄なコストの流血は早い段階で塞き止めないと，全社レベルで見れば致命的な課題に増幅することもあるのだ。そのため，まずは，間接材調達のうち，コスト高が疑われる品目からでも全社レベルで可視化し，発生している課題を客観的に把握することが肝要である。

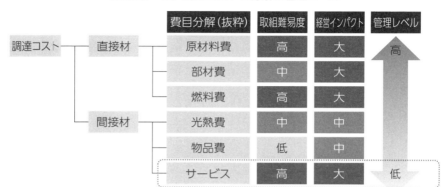

[図表①-5] 調達コストの分解と管理レベル

　ここで，特に注目すべき品目について触れておきたい。間接材は，物品とサービスが大部分を占める。取組みにかかるコストとの兼ね合いで，少額な物品については，その対応を劣後させるという判断もあるだろう。だが，前項でも触れたサービス材については，直接材と同様に優先度を上げることをお勧めしたい。なぜなら，サービス材（特にIT運用委託に代表される外部委託費）は，構造的にコスト課題が発生しやすい品目であるからだ。

　その要因は大きく分けて2つある。まず物品と同様に，発注元（つまり部門や拠点）間で，契約単価におけるバラツキの発生がある。これは，類似業務であるにもかかわらず，作業員レベルでの単価設定に相違があり，部門によって不利な契約が発生している場合である。2つ目は，事前に委託仕様が練り切れていないことで起こる不必要な工数の発注や，委託業務そのものが全社で共有されていないことによる，類似業務の重複発注である。加えて，このサービス材のコストこそ，社会情勢や業界環境の変化，具体的には，人件費の高騰やテクノロジーの変化に大きく影響を受けやすいという性質がある。よって，間接材の中でも特にサービス材については，すべてを部門任せにはせず，中央主導による全社横串での管理を行い，コスト適正化に向けた取組みの優先順位を上げていただきたい。

6 取り組むべき対応のパターン(集中・集約化による弊害の排除)

　コストの適正化に向けて取り組むべきパターンは、基本的に2通りある。それは、取引の集中・集約化と、それらがもたらす弊害の排除だ。
　まずは、企業とサプライヤーの取引関係を構造化したチャート(調達取引構造マップ)をご覧いただきたい。これは、企業において、発注元(部門・拠点)数(縦軸)とサプライヤー数(横軸)の2軸で、両者間の取引実態を構造化したものである。

[図表①-6] 調達取引構造マップ

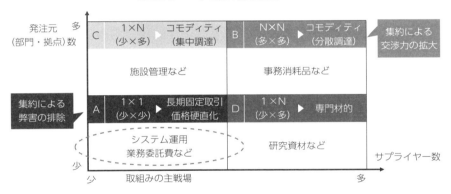

　このチャートは、任意の品目に対し、コスト適正化に向けた基本的な打ち手の方向性を検討する際に役に立つ。チャートでは、ABCDの4つそれぞれの枠内に、例として、そこにプロットされると思われる代表的な品目を記し、併せて基本的な打ち手の方向性を記している。コスト適正化に向けての打ち手は多岐にわたるが、ここでは、概念をシンプルに理解いただくために、右上(B)、左下(A)の2つのパターンのみを取り上げる。
　いうまでもなく、調達コストの適正化に向けての王道は、集中化・集約化である。このチャートでいうと、右上(B)の枠内に記載された、事務消耗品の

ような汎用品を対象とした取組みとなる。集中化には，発注元の集中化，発注品の集中化，そして発注先の集中化などがある。また，発注期間の集中化や，中央による取組みそのものの集中化というのもあろう。集中化・集約化によって自社の交渉力を上げることで，競争原理を働かせ，単価削減を狙うことができる。

　一方，集中化・集約化の対極，すなわち左下（A）にプロットされる品目がある。これは，取組みによって，極端に集約されてしまった品目または特殊品で，取引できるサプライヤー数がそもそも少ないなどの理由から初めから集約が進んでいる品目となる。ここには，外部委託等サービス系の品目が分布される場合が多い（チャートでは，業務委託費と記載）。ここに分布される品目のコスト課題は，集約されたことによる弊害（デメリット），すなわち，特定のサプライヤーとの長期固定取引によって起こる，コストの高止まりである。よって，ここに属する品目への対応は，集中化・集約化による弊害（デメリット）の排除ということになる。では，分散へ一部回帰させればよいのだろうか。いや，ことはそんなに単純ではない。物品であれば，仕様要件の緩和や発注量の見直しによって，さらなる対応が可能となるかもしれない。しかしながら，ここにプロットされる品目は委託内容そのものに見直しをかけることになるので，委託業務の抜本的な再編（BPR）が必要となる。よって，効果は期待できるものの，手間がかかり，かつ難易度が高いということができる。付け加えるに，長期固定取引によって生じる，いわゆるベンダーロックインや，委託業務仕様のブラックボックス化も，取組み難易度を高める要因となろう。それゆえに，ここは取組みの主戦場といわれ，経営主導による改革が必要となる場合もあるのだ。

7　経営，調達，事業の三位一体の体制（調達だけが動いても効果は出ない）

　調達コストの最適化は，調達に任せるだけでは不十分であり，経営，調達，事業が関与する三位一体の体制構築が肝要となる。

　調達が正しく機能しなければ価値ある原材料や資材の仕入は限定的となり，

収益の改善，ひいては事業の発展に大きく影響を与えてしまう。つまり，事業と調達は表裏一体で，相互に深く関わり合う関係性なのである。しかしながら，多くの企業において調達は「縁の下の力持ち」などといわれ，やはり事業に比べると影が薄いことは否めない。

[図表①－7] 経営，調達，事業の三位一体の体制

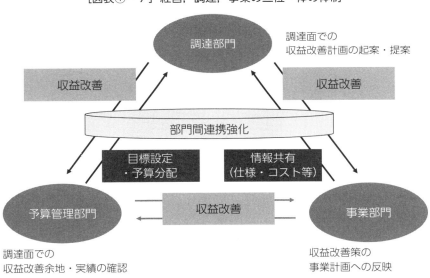

　企業が，より大きく発展し存続していくためにも，経営，調達，事業の三者は，互いの関係性をより深め，相互に力をぶつけ合い，三位一体で企業の原動力となってゆく体制構築が重要だ。経営に対して事業が予算を作る際には，原材料費や資材の仕入コストを必ず考慮しなければならない。仕入コストの適正化は利益に直結するから，事業は調達に協力を仰ぐ。一方，調達は，事業の期待に応えるべく，より品質のよいものを安定的に有利な価格で調達できるよう，既存のサプライヤーとの交渉を強化したり，新たなサプライヤーを開拓したりする。これが，基本的にあるべき調達と事業，そして経営との関係性だ。しかしながら実態は，こうでないケースが多い。

調達は，事業から提出される仕様どおりに，サプライヤーから見積りを取ったり発注をしたり，納入や在庫をコントロールするだけで，事業に対して能動的に意見するケースは，実のところ稀ではないだろうか。これでは，調達は発注オペレーションを受動的に推進しているだけということになる。調達の本分は，付加価値向上による事業そして経営への貢献であろう。それを行うには，調達は，もっと事業に対して発言すべきなのである。例えば，コスト課題への対応は，上流工程に遡れば遡るほど有効といわれる。すなわち，製造業であれば，モノ作りの上流段階から調達が事業と一体となって活動し，調達の視点でもの申し，提案し，互いに協議しながら，改善に向けて進めていくような三位一体の体制を構築することが求められる。事業だけを強化しても，企業の発展や継続は限定的なものに留まるのだ。

8 営業戦略の裏返しが調達戦略（鏡写しのフォーメーション）

企業の利益の改善に向けた取組みは，営業による「収入の拡大」と調達による「費用の適正化」の両輪が支える。前者はサプライヤー，そして後者はバイヤー側の論理だ。調達交渉の場において，調達はサプライヤーと同等に戦えるフォーメーションで臨んでいるだろうか？

[図表①-8] 有効な調達フォーメーション

(ミラー型フォーメーションの例)

バイヤー側			サプライヤー側
調達戦略責任者	CPO	CSO	営業戦略責任者
調達先担当責任者	サプライヤーマネージャ	アカウントマネージャ	販売先担当責任者
調達交渉実務者	調達担当者	営業担当者	販売交渉実務者
調達品目専門家	カテゴリーマネージャ	ソリューションスペシャリスト	販売品目専門家
利用部門技術者	エンジニア	エンジニア	開発部門技術者

（中央に「鏡」の表示）

一般的に総コストにおける調達コストは7〜8割といわれており，企業収益に与える影響は大きい。だからこそ，調達戦略は極めて重要なのである。にもかかわらず，営業戦略に比べ，この調達戦略の必要性があまり認識されていないのが，多くの日本企業の実態ではないだろうか？

現場に目を向けてみよう。モノやサービスを売り込みに来るのはサプライヤーのセールスである。セールスは，バイヤーのニーズをしっかり勉強した上で，自社の製品やサービスの特徴を説明し，時にロジカルに，時に感情に訴え，「戦略的」に売り込んでくる。こうした優秀なセールスに対して，自社の調達担当者は十分に対峙できているだろうか。もし，調達担当者が，商品や業界環境にかかる知識やスキルが低い，あるいは調達組織によるサポートが表面的であったらどうだろう。この場合，サプライヤーのセールス有利に交渉が進み，結果的に，品質的にも価格的にも不利な買い物をさせられてしてしまう可能性もある。こうした調達現場での戦略の薄さが，結果的に企業の利益改善を限定的にしてしまうことにつながるのである。

基本的に，調達の主体となるのが事業の現場であり，それをサポートするのが調達組織である。調達組織は，単に受発注オペレーションの遂行を行う組織ではなく，こうした戦略的調達（ストラテジックソーシング）を支援することを本分とすべきであろう。そして，そこにシフトすべき人材がキーとなる調達品目に対する知見を有する者（カテゴリーマネージャ）であることはいうまでもない。加えて，サプライヤーの動向やその業界環境を知る者（サプライヤーマネージャ）の配備も有効であろう。

9 顧客接点と同様に重要なサプライヤー接点（CRM vs SRM）

営業にとってのCRMと調達におけるSRMはどちらも同程度に重要であり，蓄積された情報は適宜社内で共有・活用したい。

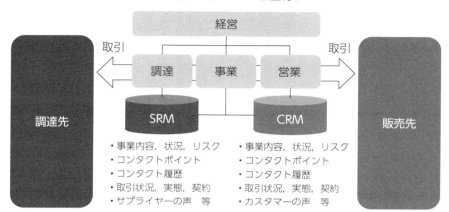

[図表①-9] SRMの位置付け

　多くの事業会社の営業部門では，キーとなる顧客との取引をいかに拡大するかの戦略を定期的に練るだろう。いわゆるアカウントプランなどと呼ばれるものである。それを支援する基本概念が，CRM（Customer Relationship Management）であり，そのデータベースには，特定の顧客との接点と，その取引状況が蓄積されている。これらは，特定の顧客に対する営業戦略を立てる際に役立ち，新製品の開発や販路拡大等，広くマーケティング戦略の立案にも有効である。よって，たいていの企業は，このCRMの重要性を認識し，その拡充に力を入れている。一方，調達先，つまりサプライヤーを取り巻く各種情報が蓄積され，調達戦略そのものを支援する概念が，SRM（Supplier Relationship Management）だ。CRMについてはよくご存じと思うので，ここでは改めて，SRMの重要性について考えてみたい。

　企業にとって調達戦略が，営業と同様，企業価値を高める上で極めて重要であることは，別項で述べた。そして，調達戦略は何も，コスト適正化に向けたものだけではない。企業の外部流出コストの7～8割が，サプライヤーへの支払に充てられていることを考えると，企業経営において，サプライヤーへの依存度がそれだけ高いということになる。つまり，各種サプライヤーとの付き合い方が，企業の成功を左右するといっても過言ではなく，それを戦略的にマネージするのがSRMである。

例えば，自社の基幹システムを見直す際，ベンダー選定は，技術的なケイパビリティだけでなく，その企業の社会信用度や発展性等についても正しく評価した上で，客観的に判断する必要があろう。ここで潜在的に問題のあるサプライヤーと長期取引することになれば，のちに事業が計画どおりに進まなくなり，無駄な投資が発生するだけでなく，自社存続の危機にもつながりかねない。つまり，取引の事前事後に，サプライヤーとの関係性やそれを取り巻く状況を把握できていなかった，あるいは変化に追随できていなかったことが課題で，それがパートナー戦略の失敗へとつながるのである。逆に，各種サプライヤーの状況や取引実態等が常にアップデートされ，タイムリーに評価できる仕組みがあればどうだろう。パートナー戦略失敗のリスクが減ることはいうまでもなく，さらには，改善や新たなパートナー戦略による，企業価値の向上も可能となるのだ。一般的に，SRMは調達組織主導で進めることが多いかもしれない。だが，このSRMこそ，経営主導で進めるべきであって，CRMと同等，企業内で一元管理され，経営，事業，調達で共有活用されるべきである。

⑩ 調達人材のスキル，育成，動機付け

調達人材には，品目や業界スキルはもちろんのこと，やはりビジネスコアスキルが必要である。人材育成に向けては，現場からの人材のローテーションも有効だ。

調達人材に求められるスキルエリアについて，ここで改めて考えてみたい。調達人材は，日常的に業務に従事するわけだから，調達業務プロセスやルール等の業務知識は当然だが，あえて強化すべきエリアをいうならば，それは，担当する商材カテゴリーに関連する知見と，論理的思考，コミュニケーション能力等のビジネスコアスキルである。

商材に関するスキルは，一般的に扱う商材の特性が汎用的であればあるほど難易度は低く，逆に専門性が高ければその分高くなる。別項で述べたが，コスト適正化の主戦場（＝取組み効果の期待できる領域）は，業務委託等を含む専門性が高く，仕様も複雑な品目である。よって，企業が全体最適化を狙って，そうした領域に目を向けるのであれば，その領域について，専門性の高い知識

や勘どころを有する調達人材を配備する必要がある。さもなければ，互角な交渉ができずに，サプライヤー優位に商談が進み，結果的に調達の経営貢献は限定的なままとなろう。とはいえ，そうした人材をゼロから育成配備するのはとても難しい。そこで，検討すべきは，事業の現場と調達間での人材ローテーションである。現場の人材なら，必要とする商材カテゴリーに対する知見を有する場合も多い。一時的に外部からの採用という手もあるが，長期的に見れば，コスト意識の醸成，定着化という意味でも，現場と調達間での定期的な人材交換は有効である。

次に，これは調達人材に限った話ではないが，調達人材には，やはりビジネスコアスキルを磨くことが求められる。ここでいう「コアスキル」とは，論理的思考やコミュニケーション能力，リーダーシップ等，一般にビジネスリーダーに必要といわれる基礎知識のことである。何度も述べてきたが，調達人材の仕事は付加価値業務であり，期待されるべきは経営への貢献である。カテゴリー戦略やサプライヤー戦略を立案するために論理的思考は必須スキルであり，実行段階では，事業や経営への提言，サプライヤーとの折衝，ビジネスのクロージングに向けては，高いコミュニケーション力，そして強いリーダーシップが求められる。こうしたスキルを拡充するには，定期的，体系的な研修への参加を前提として，やはり，経営の前に出る機会を増やすなど，自ら意識的に切磋琢磨してゆく必要があろう。

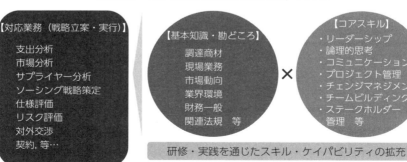

[図表①-10] 調達人材に必要な知識，スキル

補論①　経営者が知っておくべき調達の10のポイント　39

　最後に，こうした調達人材のモチベーション向上に対しては，どのような手が考えられるだろうか？　それにはまず，調達活動の価値を，社内で明確に定義することが必要である。そして，調達人材の経営貢献に対する評価制度を構築し，体系的に回してゆくことが求められる。併せて，人事制度の中で，調達での実績を，キャリアパスとして位置付けることも有効ではないだろうか？

第2章

経営アジェンダとしての「調達の高度化」

前章では企業を取り巻く環境変化と調達の役割，日本企業が抱える課題を概観した。経営戦略の文脈で捉えたとき，「調達の高度化」は手付かずの状況であること，取り組めば大きなポテンシャルがあることを理解いただいた。

　本章では「調達の高度化」が「なぜ，経営アジェンダなのか？」「大事なことはわかっていても，何から始めればよいのか？」といった疑問に答えたい。

第2章　経営アジェンダとしての「調達の高度化」　43

第1節 ｜ なぜ，経営アジェンダなのか？

　多くの経営者にとって，調達はこれまで経営アジェンダのリストの対象外であったと想定する。理由は簡単で，既存ビジネスを継続していく上では不可欠だが，定型的なオペレーション業務であり，投資をしても付加価値を得られないから，というものだろう。そもそも，調達に対する認知が低い場合もあるだろう。そのような経営者の方々には，補論①を予備知識として読んでいただきたい。

　本書では，「調達こそ，企業の業績改善レバーとして残された数少ないものの1つで，使い方によっては付加価値の源泉となる」と主張している。しかし，この主張に対して大きな違和感を持たれる方もいるかもしれない。

　「なぜ，経営アジェンダなのか？」の理由の1番目はポテンシャルの大きさである。企業の総コストの7〜8割は外部からの調達コストであり，調達部門はその調達コストの適正化を担っている。仮に数％のコスト削減が実現できたとすると，その分，直接的に利益率の向上に寄与する。市場が成熟していく中で，大幅な売上の伸長が望めず，また，利益率改善のための値上げも困難という環境下では，調達部門がもたらす価値は非常に魅力的である。

　理由の2番目は，調達部門の力を十分に活用するためには，部門を跨ぐ組織的な構造改革が必要であることである。一般に，調達活動は企業内の多くの組織で分散して行われている。部分的には特定の部門への調達活動の集約が進んでいることもあるだろうが，すべての調達コストについて，調達活動が組織的に管理されていることは稀である。調達活動を最適化するためには，組織再編や役割分担，権限の見直しが必要となり，経営の関与が必要になる。ちなみに，調達活動が組織的に管理されていることは，集中調達の徹底とは必ずしも同義ではないことも，補論①で紹介済みである。

　理由の3番目は，経営が改革の後ろ盾となり，調達に関わる様々なステークホルダーを統制する必要があることである。全社でコスト削減の目標を掲げ，その実現を調達部門にのみ委ねるだけでは，絵に描いた餅で終わってしまう。多くの場合，予算を持っているのは事業部であり，調達部門が最適な調達方法

についてアドバイスしたとしても，事業部が受け入れなければ，効果の実現に至らない。

事業部にとっては，コスト削減は喜ばしいことだが，上市タイミングや販売目標の達成など，他に優先しなければならないこともあり，調達部門の提案を受け入れることが難しい場合もあるだろう。一般に，コスト削減など調達の最適化の施策では，調達部門と事業部門の綱引きとなることが多い。調達部門と事業部門が時として対立する構造において，最適解を選択するためには，経営層が関与し，全体最適的かつ経営的な視点での判断が求められる。

まさに，経営が取り組むべきテーマであることがおわかりいただけただろうか。

第2節 | 何から始めればよいのか？

調達の高度化はポテンシャルが大きい一方，組織構造や部門間の統制など仕組みの改革が必要とされるため，まさに経営が取り組むべきテーマであることはご理解いただけただろう。では，何から始めればよいのだろうか。

何から始めるかを考える際に必要となる，いくつかの要素がある。以下にその要素について説明していく。

(1) 対象となる調達の全体像を捉える

外部へ支払をしている調達コストを体系的に可視化している企業は少ない。調達システムを通して調達活動が行われている取引については可視化が可能だとしても，システム外の取引の金額も多く，明細レベルで可視化するのは困難なことが多い。そして，取引の分類体系についても，把握したい調達品目の内容と粒度感が異なることが多い。このため，異なるデータソースから調達データを収集し，統合，整理するなど，データの加工に一定程度の工数が必要とされる。

しかしながら，そのような調達データの収集・加工を手順化，自動化するソフトウェアは利用可能になってきている。調達取引がすべてシステムを通っていること，そして取引の分類体系が整備されていることが望ましいが，そうで

なくとも，対象となる調達コストの全体像を捉える上でのノックアウトファクターにはならないだろう。

(2)　調達のパフォーマンスの現状と充足状況を確認する

外部へ支払をしている調達コストの全体像が捉えられたときに，次に必要となるのは，調達のパフォーマンスの現状と充足状況を知ることである。調達コストは多様な調達品目から構成される。個々の調達品目に対して調達がどのようなパフォーマンスを発揮しているのか，あるべき水準を充足しているのか否か，把握する必要がある。このためには，そもそも，調達のパフォーマンスとは何か，あるべき水準とは何かが定義されている必要があるだろう。

(3)　ボトルネックを特定する

調達品目に対して，調達のパフォーマンスと充足状況が明らかになった際に考えるべきことは，パフォーマンス最大化のための阻害要因，または，ボトルネックは何かを特定することだろう。調達のパフォーマンスを測るだけでなく，調達のパフォーマンスを構成する要素またはドライバーのレベルまで分解して，活動の多寡を把握することにより，解消すべきボトルネックがどこにあるのかが見えてくるだろう。

(4)　共通のモノサシで測る

調達コストを構成する品目は多様である。これらに対して，現状のパフォーマンスを評価し，ボトルネックを特定し，改善ポテンシャルを推定し，取組みの優先順位を付け，具体的な施策を検討していくためには，共通のモノサシが必要となる。

共通のモノサシが求められる理由は，多様な調達品目に対して，網羅的かつ横断的に取組みの優先度とアプローチを考えるためだけではない。調達と経営をつなぐためにも共通のモノサシが求められる。

調達と経営をつなぐためには，営業における売上・利益を管理する手法と同様なレベルで，わかりやすいモノサシが求められる。そのモノサシがないと，経営層の関心を調達に向けるのは難しい。経営層が理解できる明快なモノサシ

で調達の現状と改善のポテンシャルを示すことによって，初めて経営が調達改革に参画することが可能となるだろう。

第3節 経営と調達の共通言語としての「調達ROI」の考え方と得られる示唆

　前節までで，経営による調達改革への参画が必要であること，経営が調達改革に参画するためには，経営層が理解できる明快なモノサシが必要であることを説明した。では，どのようなモノサシが具体的に必要なのだろうか？

　PwCコンサルティング合同会社（以下，PwCコンサルティング）では，経営と調達をつなぐ共通言語として「調達ROI」を活用することを提唱している。調達ROIとは何か，そこからどのような示唆が得られるのかについて説明する。

(1)　「調達ROI」とは

　調達がもたらす価値は，財務に関するもの，非財務に関するもの，いろいろあるが，まずは，わかりやすいコスト削減に関わる活動に着目する。調達ROIは図表2－1の左辺に示される式として定義される。

　年間に調達が創出したコスト削減の金額を分子に，そのための活動に投下した費用を分母にとって，費用対効果を調達ROIとして算定する。調達ROIが1.0以上であれば，「モトが取れた」状況である。

　例えば，年間で人件費やシステム投資に対して，合わせて20億円使い，コスト削減効果が30億円であった場合，調達ROIは1.5となる。経営層はこのように算定された調達ROIを使い，現在の水準に問題がないか，さらに数字を高めるためにはどうすればよいかなどを検討することになるだろう。

　上記の例では，調達ROI＝1.5だとすれば，投下している費用以上に価値を創出していることになる。調達をバックオフィスの一部と見る経営層も多い中で，コスト以上に価値を創出しているという事実は驚くべきことかもしれない。

　しかしながら，調達ROI＝1.5は，PwCコンサルティングの経験値からすると誇れたものでは必ずしもない。調達ROIとして2～3程度の改善は短期間のうちに実現可能であり，それ以上も十分目指せるものである。

第2章 経営アジェンダとしての「調達の高度化」 47

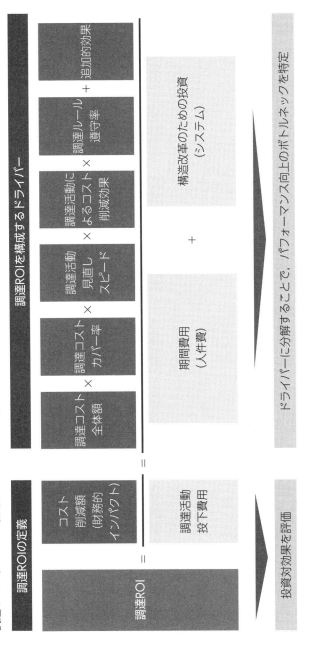

[図表2-1] 調達ROIとは？

⑵ 調達ROIの意味：パフォーマンス改善

　調達ROIが持つ意味は，調達ROIを高めるためには何をすべきか検討するための材料とすることができるということだろう。具体的には，図表2－1の右辺をご覧いただきたい。左辺の分母・分子を分解したものである。調達ROIの分母・分子は8つのドライバーに分解される。このように分解すると，8つのドライバーが望ましい方向へ変化するためのアクションを比較的容易に想定できると思われる。

　分子は調達コスト全体額，調達コストカバー率，調達活動見直しスピード，調達活動によるコスト削減効果，調達ルールの遵守率，そして，追加的な効果の6つとなる。分母は人件費とシステム費用の2つである。

　分子を高めるためには6つのドライバーをどのようにして高めるのかを検討することになるが，大きな方向性は以下のとおりだろう。

① 調達コスト全体額

　調達が管理すべきとされる金額を指す。対象とするコストの全体額が大きいほど，調達のインパクトは大きくなる。調達コストの全体像を捉えた上で，調達が関与していないものはないか確認すべきである。

　よくある事例としては，組織的なものがある。本社部門の調達コストは解像度高く管理されている一方，事業部や拠点・支社になると解像度が非常に低くなり，そもそもの調達コストの全体額から抜け落ちている場合さえある。

　また，既成の概念にとらわれた視野狭窄もある。例えば，調達が管理すべき調達コストは製品の部品や材料に関わるものだけで，研究開発費やマーケティング費，営業費用，本社経費などは調達が管理すべき調達コストではない，といった考えなどである。社外に対しての支払であれば，どんな調達品目であれ，すべて調達コストであり，調達が管理すべき対象と捉えるべきである。一般に，視野の外側に大きな改善余地が眠っている場合が多いので，自ら境界を設けることなく，ゼロベースで見直す価値は大きい。

第2章　経営アジェンダとしての「調達の高度化」　49

②　調達コストカバー率

　調達が管理すべき調達コストのうち，「管理」できている調達コストの比率（％）を指す。管理すべき対象として認識されているとしても，それが実際に管理されていることには必ずしもならない。調達購買プロセスのうち，必須ではあるが，付加価値が低い購買プロセスには関与できていても，上流工程で，付加価値が高い調達プロセスへの関与が限定的である場合，調達コストカバー率は低いといわざるを得ないだろう。

　発注数が膨大で，調達の妥当性について厳格に管理できているのは一部の大型案件に過ぎない場合も見受けられる。この場合には，一部の大型案件の精査のためには十分な工数を投下しつつも，大型案件の下の階層のミドル案件を効率的に管理する工夫が求められる。工夫の一例として，メニュー化，テンプレート化などを行うことで管理の対象を拡大することが可能になる。

③　調達活動見直しスピード

　いったんサプライヤーと合意した条件に対して，どのくらいの頻度で見直しをかけているかの指標である。前述の調達コストのカバー率のうち，1年間で見直しをかけている比率（％）が単位となる。調達コストの多くは，一時的な取引ではなく，継続的かつ反復的に取引が継続する。このため，随時，見直しをする必要がある。

　そのような見直しを長期間にわたり怠ると，市場価格からの乖離が生じたり，酷い場合には，委託内容がブラックボックス化して，サプライヤーにしかわからない状況になり，委託内容とコストの妥当性が判断できない事態にもなりかねない。

　計画的な見直しが不可欠である。

④　調達活動によるコスト削減効果

　サプライヤーとの交渉において得られたコスト削減の比率（％）を指す。調達品目の難易度，調達が関与できる領域の広さ・自由度（サプライヤーや仕様の変更など），調達戦略の質，組織的実行力などにより，コスト削減の比率は変化する。

調達活動を行う対象の優先順位付け，多面的かつ網羅的な調達戦略の検討が必須となる。よく目にする光景としては，調達案件を個別対応することに忙しく，思ったほどの効果が得られていないことがある。大きな効果を狙うためには，個別の調達案件を跨ぐ横断的な施策や，仕組みを構築して一網打尽にする施策などが求められている。同じ調達活動でも，前者を戦術的調達，後者を戦略的調達と呼ぶ。効果はもちろん，戦略的調達のほうがはるかに大きい。

⑤　調達ルールの遵守率

サプライヤーとの交渉で獲得した条件・ルールが実際の取引に適用されている比率（％）を指す。全社のボリュームを集約することを前提にサプライヤーから有利な条件を引き出したにもかかわらず，個別の取引に獲得した条件が適用されていない状況も見受けられる。機会損失となることはもちろん，発注先が当初の集約先と異なる場合には，有利な条件を提示したサプライヤーへの約束の不履行にもなりかねない。

個別の取引をモニタリングして統制をかける仕組みの構築が必要となる。

⑥　追加的な効果

コスト削減への貢献は，物品の取得時のコスト低減だけではない。物品のライフサイクルを通じた維持管理コストの低減などによるトータルコストの低減，不良品率の低減によるダウンタイムの低減など，機会損失を低減する効果もある。さらには，サプライヤーからの付加価値提案を採用して，商品の魅力を向上させ，利益拡大に貢献するようなことも考えられる。

これらの多くは，サプライヤーの声に耳を傾けることが起点となる場合が多い。サプライヤーとの双方向のコミュニケーションの質が問われている。

一方，分母を抑えるためには2つのドライバーをどのようにして低減させるのかを検討することになる。大きな方向性は以下のようなものだろう。

⑦　人件費

人件費については2つのステップで考えることが有効だろう。

人件費の使われ方，あるいは業務の内容を見てみると，未だに，定型的なオペレーション業務に多くの工数を割いている場合も珍しくない。このような場合，定型的なオペレーションについては標準化，共通化，自動化することで工数の削減は可能だ。これにより，業務を効率化し，人件費を低減することは可能である。これが第1段階のステップになる。

第2段階のステップとしては，上記のような取組みで捻出した人件費をどのように活用するのかの判断となる。定型的オペレーションに関わる工数を削減した上で，その工数を付加価値を生む戦略的な業務に活用することもありうるだろう。人件費の削減を単純に分母の削減に活用するのではなく，分子の活動を活性化するために活用することも可能だろう。

⑧　システム費用

人件費の効率化のためには，システム化は必須であり，システム費用がより増大する方向になる。人件費の効率化のために必要なシステム化の費用であり，ROIで見ても各自で回収できるのであれば，積極的に進めるべきである。

他方，システムを導入することが目的化した取組みを目にすることも多い。期待効果が曖昧なままにシステム導入を進めるのは，経営的に見て意味がない。目的に立ち返って，身の丈に合ったシステム化を考えるべきではないだろうか。

近年では，重厚長大型のテイラーメードのシステム導入だけでなく，イージーオーダーのような，経済的かつ短期間で効果を出せるアプローチもある。例えば，PwCでは"Rapid sourcing transformation"というソーシング業務に特化した，比較的簡易なシステムを活用した改革の方法論を保有している。これによれば，大規模かつ長期間のシステム導入を行わずとも，低コストかつ短期間で成果を出すことが可能である。システム化のアプローチを見直すことによる最適化の余地は大きい。

このようにして，調達ROIを8つのドライバーに分解することにより，改善のための具体的な活動計画が立てやすくなることをご理解いただけただろうか。

⑶ 調達ROIのさらなる意味：投資の獲得

　調達の高度化は経営アジェンダであり，調達の高度化を進めるためには，経営と調達で共通のモノサシを持つ必要があると述べた。PwCコンサルティングでは調達ROIを共通のモノサシとして推奨している。その考え方と調達ROIを高めるための基本的な方向性は前述のとおりである。

　ここでは，視点を少し変えて調達ROIを考えてみたい。調達ROIを高めるためには，分子であるRを高めるか，分母であるIを効率化するかの2つが考えられる。調達ROIが高まることは望ましいことではあるが，経営的には，Rの絶対量を増やすことが，より重要ではないだろうか。つまり，調達への投資（I）を増やすことによって，調達の貢献（R）をさらに高めるという発想をすべきではないだろうか。

　調達が経営に対して行うべきコミュニケーションは，「現状でも調達ROIはXXであり，経営が調達にさらに投資YYを行うことで，YY×XXの効果を得られる」，だから「要員の拡充やシステム化などを含む業務改革のための投資を認めてほしい」というものになるだろう。

⑷ 調達パフォーマンスのヒートマップ（調達ヒートマップ）

　調達ROIを活用して，経営に対して調達へのさらなる投資を求めよと述べたが，一方で，調達ROIを高めることも継続的に行う必要がある。調達ROIを高めるためには，何が阻害要因，ボトルネックとなっているのかを特定することが必要である。ボトルネックを特定するためのツールとして，調達パフォーマンスのヒートマップ（調達ヒートマップ）について紹介する。

　図表2-2に調達ヒートマップの考え方を示す。調達ROIの特に分子に着目して，部門ごとに調達のパフォーマンスを要素分解している。要素ごとにパフォーマンスの水準を評価して，「高い」「普通」「低い」などの色分けを行う。そうすると，色の濃淡がヒートマップのように見えるので，調達ヒートマップと呼んでいる。部門ごとにどの要素について改善が必要なのかが，一目瞭然となる。

　例えば，この例では，以下のような示唆が得られる。

第2章 経営アジェンダとしての「調達の高度化」　53

[図表2-2] 調達ヒートマップとは？

部門別や品目別の調達ROIをドライバーレベルで分解して、横比較することで、取り組むべきボトルネックが明確になる

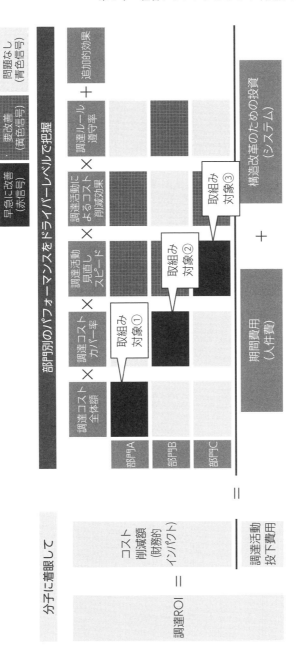

① 部門Aでは，調達部門が扱う調達コストの全体額が小さく，対象範囲が部分的に留まっている可能性が想定される。
② 部門Bでは，調達部門が関与しているカバー率が低く，現場主導で調達活動が行われている可能性が想定される。
③ 部門Cでは，調達活動の見直しのスピードが遅く，市場と乖離した価格水準になっている可能性が想定される。

このようにして，部門別や調達品目別に調達ROIのヒートマップを描くことで，掘り下げて検討すべき領域が見えてくるのである。

第4節 調達ROI，調達ヒートマップの活用事例

前節では調達ROIの考え方とそこから得られる示唆について述べたが，本節では具体的な活用事例を紹介する。調達ROIや調達ヒートマップは多様な活用が可能である。調達品目別や部門別に調達のパフォーマンスを調達ヒートマップで比較することにより，改善課題，ボトルネックが見つけられることは容易に想像できる。さらには，大きな調達改革の企画構想をする際の期待効果のシミュレーションや，グローバル調達会議で共通言語として地域間の相互理解を促進することにも活用可能である。

(1) 品目別調達ヒートマップによる調達リソースの最適配分

① 概要：ボトルネックを特定してリソースを最適配分

図表2-3に品目別調達ヒートマップの事例を示す。調達ROIの分子に関わる主要な6つのレバーによるヒートマップである。すでに説明したとおり，改善余地の大きそうなボトルネックがどの品目のどのレバーにあるのか見えてくる。調達のパフォーマンスは各種レバーの組み合わせから成り立っている。調達パフォーマンスを最大化するためにはボトルネックを特定して，ボトルネック解消に一気に取り組むのが効果的である。

[図表2-3] 品目別調達ヒートマップ

ボトルネックを特定して、効果が見込めるものから順次着手

調達品目	調達コスト全体額	×	調達コストカバー率	×	調達活動見直しスピード	×	調達活動によるコスト削減効果	×	調達ルール遵守率	+	追加的効果
AAA	＊＊＊		95%		81%		XX%		XX%		＊＊＊
BBB	＊＊＊		76%		84%						
CCC	＊＊＊		85%		92%						
DDD	＊＊＊		92%		58%						
…											

凡例：早急に改善（赤信号）／要改善（黄色信号）／問題なし（青色信号）

全体を俯瞰した上で優先順位を見極めることがポイント

② 取組み対象の優先順位付けと検討に際しての留意点

　調達ヒートマップでボトルネックを特定した次のステップで考えるべきなのは，多数あるボトルネックのうち，どれから手を付けるべきか，ということである。これを考えるためには，それぞれのボトルネックを解消するためのアプローチ，難易度，想定効果などを踏まえた優先順位の検討が必要となる。

　一般に，調達管理の体制は品目別に担当組織が決まっている。このため，ボトルネックを解消するアプローチについては品目別の担当組織に委ねられがちとなるが，これには弊害もある。

　目の前にある課題だけを眺めていては，うまい解決策が思い浮かばないことも多い。そのような場合には，品目を横断して，全体を眺めることが有効である。なぜ，よくできているのか，そうでないのかを，品目を横断して眺めることにより，解決策のヒントが得られることが多い。調達ヒートマップを使った課題の特定や解決の方向性のアイデア出しを，各品目担当のチームが別々に行うよりは，調達部門内横串で行うことが望ましい。

　調達部門の組織構造が，品目ごとの縦割りで，属人的になりやすく，それぞれの品目チームの活動が見えにくいことを課題と考える調達担当役員の方も多い。調達ヒートマップを通して，ボトルネックを特定し，解決策の方向性を品目担当横断的に行うことができれば，品目ごとの縦割りの弊害を軽減することもできるだろう。

③ 実行のための機動的なリソース配分の必要性

　実行段階においても品目ごとの縦割りの弊害を認識すべきである。各品目担当のチームは通常業務をこなしながら，ボトルネック解消のための取組みに着手することになる。品目担当チームによっては，優先的に取り組むべきボトルネックを多く抱えるところも出てくるであろう。このような場合には，取組みのための業務量に応じて，調達部門内のリソースを機動的に融通することが必要となる。

第2章　経営アジェンダとしての「調達の高度化」　57

⑵　部門別調達ヒートマップによる調達の貢献領域の拡張

①　概要：部門の壁を超えた調達の貢献領域の発見

　図表2－4に部門別調達ヒートマップの事例を示す。品目別調達ヒートマップと同様，改善余地の大きそうなボトルネックがどの部門のどのレバーにあるのか見えてくる。

　品目別調達ヒートマップとの大きな差分は，部門によっては，そもそも，レバーに分解できるほどの情報がないことが多い点である。組織横断的な調達機能がない場合，調達活動は部門に閉じた活動となりやすく，最適な活動が行われているのか，改善すべきなのか，「見えない」状況になりがちである。

　一般に直接材は管理レベルが高いので，「見えない」という問題は起こりにくいが，間接材は管理レベルが必ずしも高くない。調達コストが業務に対して脇役的な存在であることが多い，営業や研究開発，IT部門でこのような「見えない」状況が起こりがちである。まずは部門ごとに対象コストの全体像を捉え，カバー率を向上することが第一歩となるだろう。

②　他部門への拡大のポイント

　一般に主として間接材の調達が多い部門では，部門内に調達専門組織が存在せず，業務の傍らで調達活動が行われている場合が多い。このため，調達に期待される価値QCD（品質，コスト，納期）のうち，品質と納期が優先され，コストが劣後される状況となりがちである。

　このような場合，いきなり管理レベルを高めようとしても，必要な知見・経験を持った人材や組織がないので，早々に困難に直面するだろう。その際は，社内の中で経験値の高い部門が，経験値が低い部門を手助けすることが現実的と思える。例えば，直接材を扱う部門で一般に調達の管理レベルが高いので，間接材を多く扱う部門の調達に対して，有効なアドバイスが可能である。

　一方で，調達管理の経験値が高い部門にも他部門，特に間接材へ領域を広げることに抵抗感がある。調達側でも直接材への取組みを重視して，間接材への取組みを軽視しがちなのである。不思議な状況である。調達コストという点では，直接材も間接材も同じ「調達コスト」なので，どちらが重要で，どちらが

[図表2-4] 部門別調達ヒートマップ

見える化から始めるべき部門はないか？

早急に改善（赤信号）　要改善（黄色信号）　問題なし（青色信号）

部門	調達コスト全体額	×	調達コストカバー率	×	調達活動見直しスピード	×	調達活動によるコスト削減効果	×	調達ルール遵守率	+	追加的効果
生産	＊＊＊		95%		91%		XX%		XX%		＊＊＊
物流	＊＊＊		76%		84%						
研究	？？？		？？？		？？？						
営業	？？？		？？？		？？？						
…											

調達の守備範囲では
データが入手できないこともある

調達活動の実態が見えていない部門には宝の山が眠っている可能性

第2章　経営アジェンダとしての「調達の高度化」　59

重要でないという議論は成り立たない。むしろ，管理レベルが相対的に低いとされる間接材に積極的に取り組むことで大きな成果が出るものと想定される。

　直接材での調達の知見を間接材の調達に活用するのは効果的であるが，そのためには，直接材の調達担当者の意識を変えることが必要となる。

③　改革の立ち上げに向けた経営の旗振りの必要性

　直接材，間接材など調達の材によって，管理レベルが異なる。この異なる管理レベルを底上げするだけで，大きな価値を生み出すことが可能といえる。しかし，直接材の調達担当者は間接材の調達を軽視しがちであり，また，間接材の調達が多い部門では，コスト最適が必ずしも優先されない。全社でコスト最適を実現するためには，調達の知見を提供する部門と受け入れる部門の双方に乗り越えるべき壁があるといえる。

　この壁を乗り越えるために，経営による旗振りが求められる。まずは，調達の管理レベルに部門間でバラツキがあり，これを高位平準化するだけで大きな価値が実現されることを認識すべきである。そして，部門間で調達管理の知見を共有するための業務プロセス，組織形態，権限設定の実現に向けて，改革の旗を振るべきである。

(3)　全社調達改革の構想策定，経営による支援の獲得，そして拡大展開へ

①　概要：改革により大きな果実を目指す

　調達改革は経営アジェンダであると冒頭で述べた。調達はこれまで手の付いていない領域であり，本格的に取り組めば大きな効果が期待できる反面，効果を手に入れるためには組織構造を見直すことも同時に進める必要がある。だからこそ，経営層が旗を振って，コミットする必要がある。

　調達ROIは経営層にとって，わかりやすい考え方だ。調達ヒートマップが赤，黄，青のまだら模様であればあるほど，効果は出やすい。そして，すべてが青色になったときの想定効果も試算しやすい。

　想定効果で経営層の興味を引くだけでなく，乗り越えなければならない壁も明示して，経営層のコミットを引き出す必要がある。そのためには，どのような改革が必要となるのかも併せて伝える必要がある。

[図表 2 - 5] 調達パフォーマンスの改善シミュレーション

レバーごとに目標値を定めて、期待効果を算出

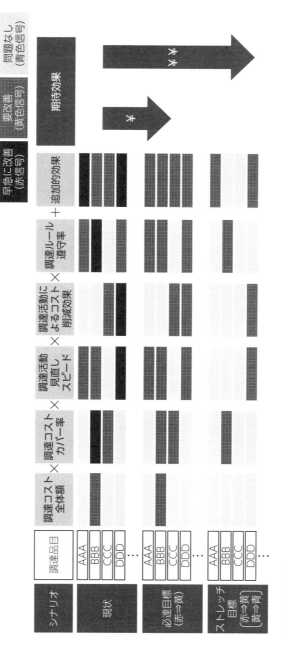

複数の改善レベルを想定することで、改善への踏み込み度合いと期待効果の関係を理解可能

ボトルネック解消によるインパクトを経営層に提示しつつ，これを実現するための権限やリソースを経営層に要求するための企画書の主要要素に活用できる。

②　インパクトの推計と実現のアプローチの仮説

図表2-5に示すように，インパクトの推計は直感的で比較的容易だ。調達ヒートマップの各レバーが赤，黄，青のまだら模様である状況について，少なくとも赤をなくすことが必達目標，すべて青色まで高めることをストレッチ目標とすることができる。

しかし，皮算用だけでは意味がない。これを実現するためのアプローチも併せて提示し，必要となる経営の支援を明確にすることが大切である。このためには，図表2-6に示すPwCコンサルティングの調達戦略のアプローチの枠組みが参考になる。

サプライヤーに対して，交渉力を使えるのか，使えないのかにより，それぞれ3つずつ，合計6つのアプローチがある。交渉力を活用するアプローチとしては，①ボリューム集中，②ベストプライス評価，③新規サプライヤー開拓の3つである。より具体的には，①全社のボリュームをまとめてスケールメリットを取るもの，②サプライヤーのコスト構造を徹底的に分解し，他のサプライヤーと比較してコスト構造のいいところ取りをするもの，③新規サプライヤーを開拓して，既存サプライヤーに対して切り替えも辞さずの姿勢で臨むもの，であり，それぞれの内容は容易に想像していただけるだろう。

[図表2-6] コスト削減のアプローチ

大別すると,サプライヤーに対して交渉力を行使するものと,交渉力の創出を狙ってユーザーをマネジメントするものがある

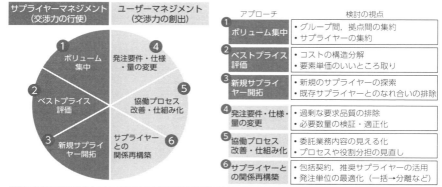

構造改革的な要素があり,ユーザー部門との調整に経営の支援が必要

　これらのアプローチを実行する際にも,経営の「錦の御旗」が必要になるだろう。ボリュームを集中するためには,部門で調達していたものを中央でまとめて管理することになるし,サプライヤーのコスト構造を徹底的に分解するためには現場レベルの要請では埒が明かない場合もある。新規サプライヤーを開拓して切り替えるオプションをカードとして活用するには,ユーザー部門の協力が不可欠となる。

　交渉力を使えない場合は,まずは交渉力を創出するところから始める必要がある。④発注要件・費用・量の変更,⑤協働プロセス改善・仕組み化,⑥サプライヤーとの関係再構築の3つがあるが,いずれもユーザー部門の協力なくしては実現できない。ユーザー部門の背中を押す役割として,経営の旗印が必要である。

　交渉力が使える場合,使えない場合,ともに,社内においては構造改革的要素に取り組むことになり,経営の後ろ盾が有効だ。皮算用を示して,興味を引くだけでなく,具体的にどのような乗り越える壁があるのかを明示して,コミットしてもらう必要があるだろう。

第2章　経営アジェンダとしての「調達の高度化」　63

③　継続的な取組みとして推進力を高めるには

　魅力的な効果とともに，乗り越えなければならない壁を提示して，経営層の
サポートを取り付けたとしてもそこで終わりではない。この改革は数年にわた
る大改革であり，「継続こそ，力なり」である。このためには，進捗を成果の
視点で測り続けること，進捗の差分を報告すること，成果を阻害するロードブ
ロックを特定して解決の方向性を提示し支援を得ることなどが求められる。

　このため，推進体制としては，調達部門だけでなく，経営企画部門を巻き込
み，進捗状況に応じて，部門間調整やトップダウンでの落とし込みなどを進め
ることが有効となる。調達改革の構想企画書を作成する際には，継続的な取組
みの推進力を維持・拡大するための仕組みや体制も，重要な要素として含めて
おく必要があるだろう。

(4)　グローバル調達会議での認識合わせとベストプラクティスの発見・共有

①　概要：グローバルな多様性を活用して，さらなる強みを獲得

　多くの企業でグローバル調達会議のような会議体が組織されて，定期的に開
催されている。しかしながら，言語も文化も異なり，顧客やサプライヤーの市
場も異なるので，グローバル最適化のために，共通の取組みを合意するのは意
外と困難なようだ。

　これまでの品目別調達ヒートマップ，部門別調達ヒートマップと同様に，グ
ローバルレベルで地域別の調達ヒートマップを描いてみると，ボトルネックが
明確になり，グローバルとして注力する領域が見えてくる。取組み領域の合意
形成には有効なツールとなるだろう。しかし，この先，どう取り組むのかにつ
いては議論の余地がある。

　顧客のニーズやサプライヤーの市場は地域ごとに異なる場合が多いため，画
一的な施策は必ずしも有効でない。各地域が直面している環境の多様性を踏ま
えた，対処の方向性を検討する必要がある。

②　グローバル調達の最適化に向けた留意点

　企業活動のグローバル化が進むにつれて，調達においてもグローバルな視点

から最適化を図る試みが増えてきている。しかしながら，相対する顧客とサプライヤーの市場は必ずしもグローバルで均一な市場とは限らない。このため，単純にグローバルで標準化すればコスト効率が高まるというわけにはいかない。

むしろ，グローバルで調達を集約可能な品目は極めて少なく，一部に限定されるであろう。このため，全体最適には，サプライヤーや仕様の標準化・共通化だけを目指すのではなく，背景にある業務の考え方や進め方についてグローバル横断で優れたものを共有することが得策となるだろう。

図表2－7にグローバル企業を取り巻く顧客やサプライヤーの状況を示す。顧客，サプライヤーのいずれをとっても，グローバルに均一なセグメントは全体の一部で，地域単位や国単位でニーズや市場構造が異なることが多い。グローバル調達戦略と地域レベルでの調達戦略の最適な組み合わせが求められている。

[図表2－7] グローバル調達を取り巻くサプライ市場／顧客ニーズ

グローバル調達において，サプライ市場／顧客ニーズは必ずしも均一ではない。多様性を前提とした取組みが必要

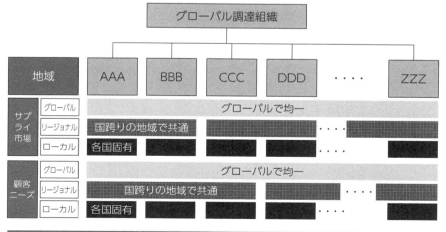

第2章　経営アジェンダとしての「調達の高度化」　65

　グローバルレベルではベストプラクティスを共有し，共有されたベストプラクティスを何に対してどの程度活用するかは地域に委ねるというのが，現時点での市場やサプライヤーの環境を踏まえたグローバル調達の最適化の戦略となるのだろう。

③　グローバル調達の最適化に向けて

　ベストプラクティスの発掘のために，調達ROIを地域間で比較してみることが有効だろう。調達ROIを共通言語として，顧客やサプライヤーの市場構造が異なる中でも，各地域が最適な調達のあり方を模索している様子が見えてくると思われる。調達ROIでボトルネックを探すのみならず，パフォーマンスのよい領域を見つけ，そこでの取組みを掘り下げることでベストプラクティスを見つけるのである。地域間での相互理解を促進する道具としても活用できる。地域ごとの多様性を許容しながらその背景にある要因を共有することで，グローバルな企業体としての強みに変えることができる。

　なお，グローバル調達の最適化を目指す場合には，現状のパフォーマンスの可視化に加えて，将来的な地域ごとの事業計画を視野に入れた上で，改革プランを検討する必要がある。グローバルで見ると成熟市場と新興市場が同時に存在している場合が多いだろう。新興市場での調達管理を立ち上げるために成熟市場にある調達リソースを活用するなど，グローバルレベルで調達リソースの配置の最適化を行うことも有効である。

第5節 | 経営にとってのさらなる意味　～調達人材の動機付け

　調達の高度化は経営アジェンダであり，経営が関与する価値もあれば，必要もあることはおわかりいただけただろう。調達改革を立ち上げるためのツールとして調達ROIは有効で，様々な活用シーンがあるのは，前節での事例のとおりである。調達ROIという共通言語を通じて，経営と調達がつながれるだけでなく，調達内の品目間，地域間をつなぐ，調達とユーザー部門をつなぐなど，様々なコミュニケーションに役立つものである。

　また，経営，調達，ユーザー部門といった組織間の相互理解を目的としたコ

ミュニケーションの促進に着眼して考察を加えてきたが，最も重要な要素としては，人材へのインパクトだろう。調達ROIにより調達人材は動機付けされ，成長にチャレンジし，大きな効果を実現することで達成感を味わい，その先へと向かうことになる。

　バックオフィス部門は旧来から，優秀な人材を獲得し，動機付け，成長させるというサイクルを創出することに苦慮している。調達ROIにより，人材獲得・動機付け・組織成長の好循環サイクルを生み出すことが可能かもしれない。

　若い世代はゲームのルールを理解したがっている。調達ROIは，彼ら／彼女らにとってのゲームのルールとなりうるのではないだろうか。営業担当にとっての売上や利益と同じ意味合いで，調達ROIを使いこなすことができれば，最強の調達チームが組成できるだろう。経営にとっての実利を取れるだけでなく，人材を活性化させ，活力あるバックオフィスへと変貌させることができる。

＊

　本章は「調達の高度化」が「なぜ，経営アジェンダなのか？」「大事なことはわかっていても，何から始めればよいのか？」といった疑問に答えるためのものである。

　調達の高度化は大きな経営貢献が可能である一方，改革に着手するためには経営，調達，事業部門などのステークホルダーの参加が不可欠である。そのため着手には調達のパフォーマンスとポテンシャルを示すための共通言語が必要であり，PwCコンサルティングが考える「調達ROI」が活用できる。

　「調達ROI」の多様な活用シーンを紹介した。例として，①調達のリソース配分の最適化，②調達の管理領域の拡大，③全社調達改革構想の企画起案，④グローバル調達の最適化の進め方の4つを紹介したが，この他にも幅広く応用可能と思われる。調達高度化のために「何から始めればよいのか？」「どのように始めればよいのか？」についてイメージを持っていただけたと思う。

　「調達ROI」という調達のパフォーマンスに関する共通言語を持つことで，多面的なメリットを期待できる。そのメリットの副次的なものとして，調達人材の動機付けの好循環サイクルを示した。ヒトこそ経営の根幹であることを考えると，「調達ROI」はその根幹に対しても好影響を与えるものである。

第2章　経営アジェンダとしての「調達の高度化」　67

　「調達ROI」を現状のパフォーマンスを可視化するための単なるツールと位置付けるか，調達の戦略，組織・プロセス，インフラを高度化するためのゲームチェンジャーと位置付けるか，経営および調達を担当される読者の方々に委ねられている。

　「調達ROI」は短期的な問題解決，中期的な構造改革のいずれにも活用できる。どちらで活用すべきかは必ずしも重要ではない。目先の効果実現から，中期的な競争力強化まで一貫して活用できるので，どの局面で「調達ROI」の考え方を活用しても構わない。いったん導入して社内的に受け入れられるようであれば，多様な局面で活用を進めていくというのが賢い進め方であろう。「調達の高度化による調達の経営貢献の最大化」を戦略目標として掲げつつも，地に足がついたわかりやすい効果をもたらす取組みから始めることが肝要である。

第3章

改革の両輪 〜調達業務の高度化と購買業務の効率化

第1章では調達の高度化が経営に戦略的価値を与えること，第2章では経営アジェンダとして取り上げるべき理由と，調達高度化を立ち上げる手段として「調達ROI」を活用することが有効であることを説明させていただいた。

　ただ，これまでに触れてきた文脈で調達改革に取り組まれてきた企業は多いものの，大きな果実を手に入れた企業は少ないように見受けられるのはなぜだろうか？

　これまでにも述べてきたとおり，調達改革は購買業務の効率化と調達業務の高度化の両輪を回すことによって実現する。効率化は目の前にある業務が対象であり，与しやすい。一方，高度化は本来取り組むべきだが実施できていない業務を対象としており，いま目の前にない業務を新たに規定して実施する必要があり，一般的には難易度が高い。それでも実行できれば大きな付加価値を創出することができる。

　調達改革に取り組むも大きな成果を生むに至らなかった企業は，往々にして与しやすい目の前の業務の効率化だけに取り組んでいるようである。あるいは，効率化と高度化を組み合わせた大改革を目指したが，最初のフェーズとなる効率化で思わぬ困難に直面し，多大な工数がかかった割には効果が限定的で息切れしてしまい，高度化まで辿り着けない。

　本章では，調達改革の構成要素を概観した上で，コアになる業務の改革において，効率化と高度化を目指す際の留意点や陥りがちな罠について考える。

　また，改革を推進し，効果を定着化するためには，新しく組み換えた業務を支えるインフラとして，組織の機能やケイパビリティ，人のスキル，役割，権限，情報基盤などの仕組みであるオペレーティングモデルを整えることも必要となる。なお，オペレーティングモデルの詳細については，本章および後続の章にて説明する。

第3章 改革の両輪 ～調達業務の高度化と購買業務の効率化

第1節　調達改革における業務改革の位置付け

(1) 調達改革を進めるために必要な要素

　PwCコンサルティングでは調達改革の全体像を，戦略，業務，オペレーティングモデルの3層で構成するフレームワークで示している（図表3-1）。これらのうち戦略については前章までで述べた。本章では，調達改革の核となる業務改革によって目指すべき業務のあり方，つまり購買業務の効率化と調達業務の高度化の示す内容を具体的に説明するとともに，新しい業務を支えるオペレーティングモデルのうち，組織と人材の活かし方について述べる。

［図表3-1］PwCコンサルティングの調達改革フレームワーク

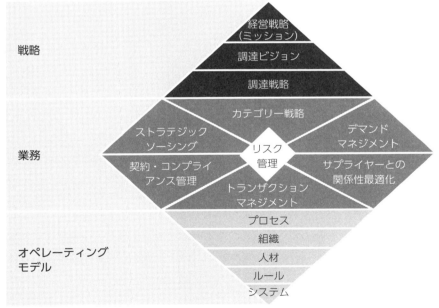

① 戦略の見直し

　調達改革を構成する３つの要素のうち，調達戦略のあり方については，前の章まで述べてきたとおり，調達業務を高度化することにより，経営に付加価値を与えることができる姿に創りかえることを指す。

② 業務の組み換え

　調達改革における業務の見直しは，購買業務を徹底的に効率化することによって生み出した要員を振り替えるなど，高付加価値を創出しうる調達業務にリソース（ヒト，モノ，カネ）を優先的に投下する「リソースシフト」を指す。

　購買業務の効率化は，これまで手掛けてきた業務を対象に取り組むため比較的与しやすいが，工数削減が主で，効果は限定的となる。一方，高度化は，いま存在しない業務の姿を構想することから始める必要があり難易度が高いが，投入工数を大きく上回る付加価値（コスト削減など）を期待できる。

③ オペレーティングモデルの整備

　業務の組み換えによって効果を創出するためには，新しい業務を支える組織の機能やケイパビリティ，人のスキル，役割，権限，情報基盤などの仕組みを整えることも必要となる。調達改革は，戦略方向性の策定，付加価値を創造する業務の組み換え，新しい業務を支える仕組みの整備のすべてが揃ってこそ成し遂げられるのである。

(2) 調達購買業務の６要素

　ここで，そもそも調達購買業務とはどのような業務内容を指すのか，先に示した調達フレームワークを見てみよう。図表３−１に示す３層の調達フレームワークのうち業務のレイヤーに着目すると，調達購買業務を６つの要素に整理できる（図表３−２）。高度化のポイントに触れる前に，まずこれら６つの調達購買業務の示す内容を説明する。

[図表3－2] 調達購買業務の6要素

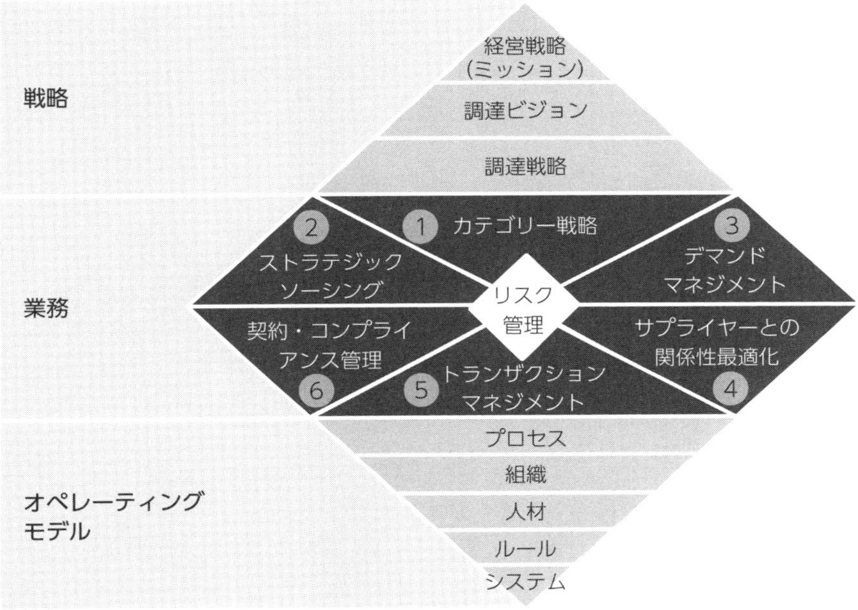

戦略
- 経営戦略（ミッション）
- 調達ビジョン
- 調達戦略

業務
- ① カテゴリー戦略
- ② ストラテジックソーシング
- ③ デマンドマネジメント
- リスク管理
- 契約・コンプライアンス管理
- サプライヤーとの関係性最適化
- ⑥
- ⑤ トランザクションマネジメント
- ④

オペレーティングモデル
- プロセス
- 組織
- 人材
- ルール
- システム

① カテゴリー戦略

　調達購買業務において「品目」といえば，自社の製品の原材料，半製品，部品，消耗品など調達購買の対象とすべき物品やサービスを指し，同一または類似の特性を持つ品目の集合を「カテゴリー」と呼ぶ。

　カテゴリー戦略とは，案件や契約を一定の期間，部署などで「カテゴリー」単位にまとめ，最適化を図る戦略的な施策を指す。図表3－3に示すとおり，カテゴリー戦略を活用することで，個別の案件や契約に閉じた個別最適価格の取得ではなく，カテゴリー全体で最適価格を実現することができ，より大きなコスト削減を期待できる。また，包括交渉による交渉業務の工数削減や，調達部門の関与増によるコンプライアンスリスクの減少効果も期待できる。

　調達部門は常に忙しくしていると思うが，業務負荷が高くなっている原因が，場当たり的な個別対応の結果であるのか，横断的な施策で一網打尽にするプラン作りまで踏み込んでいるためであるのかを精査してみる価値はあるだろう。

[図表3－3] カテゴリー戦略の考え方

② ストラテジックソーシング

　ストラテジックソーシングとは，多面的かつ網羅的な視点をもってコスト最適化余地を最大化するための手法を選択，実行することを指す。

　調達の現場では，担当バイヤーごとに様々なコスト削減アプローチを適用しているはずだが，可能なアプローチを網羅的に洗い出し，どこまでやり切れているのかの棚卸をすることは意味があるだろう。有効なことがわかっていてもやり切れていないのであれば，その理由を探ることで高度化の方向性が見えてくるのではないだろうか。

③ デマンドマネジメント

　需要側つまりバイヤーからサプライヤーへ提示する要件，特にムダな数量を削る，仕様などの要件を見直すなど，仕様や数量を最適化することでコスト削減効果を創出する。

　特に仕様の見直しによりコスト削減余地を探るアプローチは開発購買と呼ばれ，価格競争の激しい業界のメーカーでは積極的に取り組まれているが，調達部門が仕様や数量に踏み込むのは一般的には難易度が高い。設計開発部門の意思決定に入り込む必要があり，事業の理解が必要となるためである。しかし，調達部門が自らの業務領域を広げて，設計開発部門との連携まで踏み込むことができれば，事業や経営に対してさらなる付加価値提供に貢献することができ

第3章　改革の両輪　〜調達業務の高度化と購買業務の効率化　　75

るだろう。

④　サプライヤーとの関係性の最適化

　調達先の選定では，多様な品目を対象に，多くの既存・新規サプライヤー取引を検討することになるが，「たまたま直近の契約や案件で安い単価で契約できたから」，「こちらの勝手をよく聞いてサービスしてくれるから」などの不透明な理由でサプライヤーを選んでいないだろうか。

　付加価値を高める取引の実現には，個々の契約や案件の単位ではなく，サプライヤーごとに，取引内容の特性に応じた関係性を図る視点が必要だ。例えば，事業に大きな影響を及ぼす品目を取引しており，サプライヤーを切り替えることも難しい場合には，サプライヤーと事業戦略レベルで協働する必要もある。事業に対する影響が大きくないもので，代替サプライヤーが多数ある場合には，競争環境を醸成しながら調達の都度，ベストなサプライヤーを選択する一過性の取引関係もあるだろう。

　各サプライヤーとどのような関係性を築くべきかについては，事業にとっても重要なテーマである。本章でもこのあともう少し具体的な内容に触れるが，第7章でも詳細を述べているため併せて参照いただきたい。

⑤　トランザクションマネジメント

　見積依頼から支払まで，明細単位の取引処理の実行管理を指す。取引処理プロセスを定め，所定のプロセスに従って処理が遂行されるよう監視し，不備や間違いなどが生じた場合には処理の修正とプロセスの見直しを行う。取引実務を進めるだけでなく，コンプライアンス上，調達購買に関わる意思決定の証跡を残すことも重要である。主に伝票・帳票類の起票や確認，システム処理の管理など定型的な業務が中心となるため，効率化の主な対象となる。

⑥　契約・コンプライアンス管理

　新規に契約を締結する場合，契約文言がバイヤーにとって不利な内容となっていないか，下請法など法令遵守の観点で問題はないか，妥当性確認と修正を行う。留意したいのは，新規の契約締結だけでなく，継続案件についても同様

であることだ。継続案件は往々にして契約内容がブラックボックス化しやすい。新規契約時から数年経過したいま，サプライヤー市場に変化はないか，バイヤーが交渉材料として活用できるカードはないかなど，見直すべきポイントがある。そのため，契約更改タイミングを逃さぬよう，事前に検知できる運用とすることも重要である。

第2節　調達改革の両輪　～業務の効率化と高度化

　調達改革は，徹底した効率化によって捻出したリソースを，高付加価値を創出する業務にシフトすることが重要であることはすでに述べた。
　つまり，調達改革は「購買業務の効率化」と「調達業務の高度化」の両輪を回すことによって推進されるのだが，ここからは，調達業務の高度化に向けてどのように取り組めばよいのか具体的に説明したい。

(1)　なぜ高度化は後回しにされがちなのか

　まず，効率化と高度化の特徴について整理したい。業務改革の目的は生産性の向上だが，図表3-4に示すとおり，そのアプローチはリソース最適化と，付加価値創造の2つが考えられる。

[図表3-4]　規定演技と自由演技

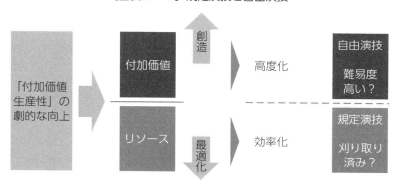

　リソース最適化は業務を効率化することによって，付加価値創造は業務を高

度化することによって実現する。

　効率化は，リソースを最適化するために，いま目の前にある業務を対象とした取組みで，フィギュアスケートでたとえるといわば「規定演技」に当たる。演技に含めるべき動きはあらかじめ指定されており，演技者は何をすべきかが明らかである。そのため，本章においても，改めて効率化を実現するために何をなすべきか，については詳しく述べるまでもないだろう。

　一方，高度化は，外部調達コスト低減による増益や安定調達の実現，リスク最小化など，いまない価値を創り出すために，いま目の前に見えていない業務を創り出す取組みであり，いわば「自由演技」であるため，何をなすべきかから考えなければいけない分，難易度が高い。行き当たりばったりで策を打つのでは，思いどおりの効果を創出することは難しい。包括的な枠組みを拠り所にして，なすべき業務を洗い出すことから始める必要がある。

(2) 高度化にどう取り組めばよいのか

　それでは，高度化を実現するために何をなすべきかを考える上で，先に説明した調達購買業務の6要素と，業務改革による2つの効果の関係を見てみよう。調達購買業務の6要素には，(i)「必ずしも必須ではないが，取り組めば大きな付加価値が期待できるもの」と，(ii)「日常業務として必須だが，付加価値創出を目的としていないもの」の2つの要素が含まれている。

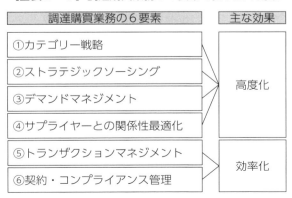

［図表3-5］調達購買業務の6要素で狙う主な効果

「①カテゴリー戦略」「②ストラテジックソーシング」「③デマンドマネジメント」「④サプライヤーとの関係性の最適化」は(i)「日常業務として必ずしも必須ではないが，取り組めば大きな付加価値が期待できるもの」で，調達業務の中核を占める要素である。

一方，「⑤トランザクションマネジメント」「⑥契約・コンプライアンス管理」は，(ii)「日常業務として必須だが，付加価値創出を目的としていないもの」に該当し，購買業務にはこれらの要素が多く占められている。

多くの企業の場合，(ii)のいわば「日常業務」に忙殺されて，(i)の「付加価値業務」に取り組めていない。調達による付加価値の創出のためには，①から③を駆使して外部流出コストを削減する，④を駆使してコスト削減だけではなく安定調達なども含めた取引を見直すといった取組みが必要だ。そこでここからは，4つの「付加価値業務」についての強化ポイントを説明する。

① カテゴリー戦略

調達高度化が進んでいない企業では，経営層や調達部員がカテゴリー戦略の示す内容とその意義に対する理解が不十分で，カテゴリー戦略が整備されていない。そのため，個別の案件や契約ごとにモグラ叩き的で属人的な個別最適解を求める交渉が，複数の場所で散発的に繰り返されている。担当者だけの閉じた場であるがために効果追求の勢いも緩く，既存業者との馴れ合いも許容されうる環境での交渉となっている。

図表3－6に示すとおり，本来は品質やコストの最適化余地を見出し，サプライヤーとの交渉などの打ち手を考えるにあたっては，個々の案件について都度事後的に検討するのではなく，「カテゴリー」の単位で複数の契約や案件をひとまとまりに捉え，事前にプランニングすることが必要だ。

例えば，異なる事業部の各工場で使用される工作機械は種類も様々だが，どの事業部の工場でも使われる汎用工作機械と，主力事業の工場で使われる特殊工作機械とで，会社トータルで見たときの調達ボリューム，事業に与えるインパクト，調達可能なサプライヤー数などが異なる状況にある場合，カテゴリーを分けて調達方針を決めることが賢明だ。調達したい物品やサービスを品目の特性に応じてカテゴリー単位で調達方針を定めた上で，後述のストラテジック

第3章　改革の両輪　〜調達業務の高度化と購買業務の効率化　　79

ソーシングに挙げるコスト削減アプローチやサプライヤーとの取引方針などを決定する。

　リソースシフトにより生み出した時間を活用し，事前に十分な時間をかけて有効な戦略を練ることで，個々の契約や案件単位の限られた効果ではなく，カテゴリー単位のより大きな付加価値を会社に与えることができるだろう。

[図表3－6] カテゴリー戦略に基づく取組みイメージ

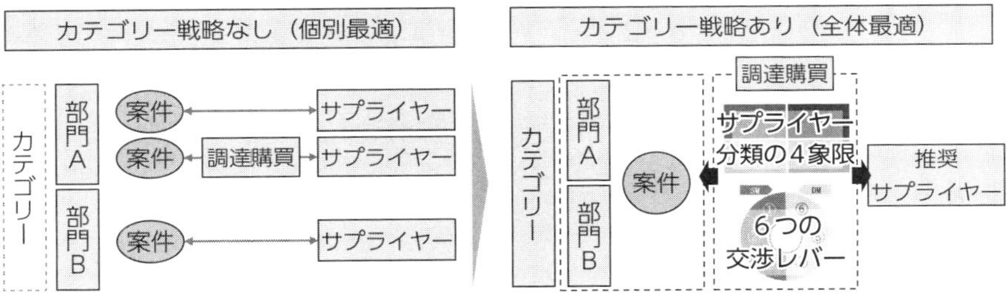

②　ストラテジックソーシング
　カテゴリー戦略によってカテゴリーの特性を踏まえた調達方針を定めたら，その調達方針に従って，自社にとって有利な条件を引き出すための交渉を通じた戦略的なコスト削減の方策を決定する。図表3－7に，戦略的なコスト削減の方策である，6つのソーシングレバーを示す。このソーシングレバーは，発注者側の交渉力を活用するアプローチ（交渉力の行使）と，発注者側の交渉力を作り上げるアプローチ（交渉力の創出）の2つからなる。

［図表3－7］6つのソーシングレバー

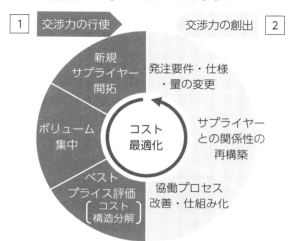

1. 交渉力の行使（調達価格の適正化や統一）
　市況最安値水準や他部署の取引最安値（社内外ベンチマーク）への調整，新規取引先を交えた競争入札，スケールメリットを活かした集中購買，コストドライバーの分解と原価積算など

2. 交渉力の創出（質・量・基準の適正化や統一）
　科学的分析と予算統制（キャップ）の設定による利用量削減，過剰スペックの是正など仕様の見直しなど

　例えば，「ボリューム集中」については，一定の期間や部署，もしくは全社レベルで契約・案件をまとめ，スケールメリットを活かしたボリュームディスカウント交渉を行うことでコスト削減効果を増大させる。「発注要件・仕様・量の変更」については，技術部門と連携して仕様策定の段階から調達部門が関与してコスト削減余地を検証する，いわゆる開発購買により，一層の外部流出コスト削減効果を狙うことができる。

　担当バイヤーは各人の知見を活かし，様々なコスト削減の可能性を模索し，打ち手を講じているものの，多様な視点で見直した際に，これまでやり切れていなかった打ち手があるのであれば，付加価値をさらに高めることができるのではないだろうか。

第3章　改革の両輪　～調達業務の高度化と購買業務の効率化　　81

③　デマンドマネジメント

　一般的に製品原価の決定要素の大半は，仕様策定や製品開発などの上流工程で決定されるため，製品原価の低減にあたっては，上流工程へ踏み込んで仕様の見直しにより原価低減余地を探る「開発購買」が有効である。開発・設計部門により仕様が具体化されるデザインレビュープロセスに調達部門も立ち合い，調達視点で仕様を最適化する。

　ただし，製品や事業に関する知識，知見を伴わない状態での上流工程への関与は難易度が高い。初めて開発購買に着手する場合には比較的難易度の低い品目を対象として，見積金額の精査や取引先の選定が行われる会議体への参画など，トライアルで開発購買に着手，小さいながらもコスト削減の成果を確実に積み上げ，必要なケイパビリティを強化し，設計部門や事業部門の信頼を獲得していくなど調達部門の関与範囲を段階的に拡大していくのが有効であろう。

④　サプライヤーとの関係性の最適化

　個々の品目の契約や案件の単位に加えて，サプライヤー単位での管理が必要であることは先に述べた。そこで，取引方針の定め方について，具体的なイメージを示しながら説明したい。

　図表3－8に，サプライヤーの特性に応じて分類した，サプライヤーポートフォリオの一例を示した。縦軸をサプライヤーとの取引が自社の事業に与える影響度，横軸をマーケットの複雑性の大小できり，サプライヤー群を4つの象限にセグメント化することで，集中購買や戦略的提携などの取引方針を定める。

　例えば，右上は，自社の収益性への影響度が高い商材を扱うサプライヤー群を指す。自社のコア事業の一部を担い，他社との差別化を図る技術力を有していることが必要で，調達部門は，当該事業部門と連携して有力なサプライヤーの探索や能力管理を行うことが求められる。一方，左下は，汎用的で業界に広くサービスを提供しているサプライヤー群を指す。これらのサプライヤーには自社のノンコア業務（雑務）を徹底的に効率化することが求められる。調達部門は効率化の方針に基づき定期的なサプライヤーの入れ替えを行う。

　こういったサプライヤーの管理は属人的な判断で行われ，社内でサプライヤー選定の基準がばらつき，個別最適に陥りがちだ。しかし，統一した考え方

をもとにサプライヤーを選定することで，コア業務では有能なサプライヤーと戦略的な取組みを行い，事業収益を伸ばすなど，全体最適の視点で付加価値を最大化できるだろう。

[図表3-8] サプライヤーポートフォリオの例

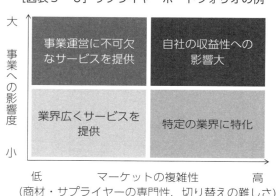

これまで，調達業務の高度化に向けて実行すべき内容を具体的に述べてきた。効率化は目の前の業務が対象なのですでに取り組まれてきたことも多かったかと思うが，高度化には多様な業務があることがおわかりいただけたと思う。このうち，できているものもあると思うが，さらなる付加価値の向上のためには，できていないもの，やり切れていないものを見つけることが極めて重要だ。高度化に向けた打ち手を洗い出すにあたっては，紹介したようなPwCコンサルティングのフレームワークを活用し，ボトルネックとなっている領域を見つけることが効果的だろう。

第3節　効率化で力尽きる調達改革　〜調達改革の罠

これまでの内容から，調達改革の両輪として効率化と高度化の必要性と実施すべき具体的な内容をご理解いただけたかと思う。ところが実際は，調達高度化へ辿り着く前に改革の歩みを止めてしまう，もしくは調達高度化に着手したものの歩みを進められないケースも多く見受けられる。ここからは，実際の

第3章　改革の両輪　～調達業務の高度化と購買業務の効率化　　83

ケースに照らして，調達改革がうまくいかない理由を考えてみたい。

(1)　効果を出しきれない主な要因と対策

　図表3－9に挙げた，調達改革の歩みを妨げる陥りがちな罠，つまり調達改革が進まないケースによく見られる5つの要因とその対策を説明する。

[図表3－9] 陥りがちな罠

1	与しやすい効率化，見えない高度化
2	高度化業務に関する理解と知見の欠如
3	見えない目標と成果
4	限定的な活動範囲と社内連携
5	高付加価値を創出するスキルの欠如

①　与しやすい効率化，見えない高度化

　まずそもそも，調達改革を手掛ける当事者が，調達業務を高度化しようとする意思を持っていなければ，ことは始まらない。業務の効率化はいまある業務へどのように取り組めばよいのか（How）を考えればよく，比較的取り組みやすいが，高度化はいまない業務を創り出す取組みなので，何をしたら付加価値を創出できるのか（What）を，高い視座と広い視野で考え出す意思と力が一層求められる。自らの業務のあるべき姿は自ら考えるべきで，「DXの取組みだからIT企画部門が何とかしてくれるだろう」などの主体性に欠ける調達部門には，調達改革をドライブすることはできない。調達部員が主体的に難しい業務へチャレンジする意識を持てるようにするには，役割を明確に示すとともに，成果を部門や個人の評価に連動させるなどのモチベーション向上につながる仕組みも有効だろう。

②　高度化業務に関する理解と知見の欠如

　調達業務を高度化するとは具体的にどのようなことを指すのか，何をなすべ

きかがわからなければ，改善アクションを起こすことはできない。本章にて，付加価値を創出するための主要な調達業務として，カテゴリー戦略，ストラテジックソーシング，サプライヤーマネジメントについて触れたが，調達の高度化に必要な業務はこれらの限りではなく，目的や状況に応じて様々な打ち手が考えられる。思い付きで施策を乱発するのではなく，調達高度化の取組みに関する包括的な枠組みを使って，手を打つべき対象を網羅的に洗い出し，効果の見極めと取組みの優先順位付けを行った上で具体的なアクションプランへ落とし込んでいくことが必要である。

③　見えない目標と成果

　何を目指して取り組むべきか，明らかにできているだろうか。効率化施策の効果は限定的であっても，高度化施策のために必要であるという，施策間の関係性を理解することも重要である。何を目指して取り組むのかが明らかでない，もしくは目標は定めているが成果が出ているのか把握できない，つまずきの原因や対処の仕方がわからないといったことがあるならば，思うような成果を出すことは望めない。経営や関係各部の高度な調達活動に対する理解と協力を得るためにも，コスト削減額などのKGIを設定して調達部門の活動KPIへ落とし込み，目標と達成状況を定量的に可視化し，経営を含めて全社各部と共有することは有効である。

④　限定的な活動範囲と社内連携

　調達改革は調達部門単独で成し遂げられるものではない。事業部門はもちろんのこと，技術，財務経理，法務など，社内各部と連携をとらなければ実現できないことが多分にある。製品原価を例にとると，仕様策定，開発などの上流工程にて原価の大半は決定してしまう。仕様に踏み込んでコスト削減余地を見つけ出す「開発購買」や「VE（Value Engineering）」と呼ばれるソーシング手法は，難易度は高いが非常に効果的である。調達部は関係各部との関わりを積極的に持つとともに，各部との連携を通じて少しずつでもケイパビリティを広げ，着実に実績を積み重ねることで各部からの信頼を勝ち取っていく努力が必要である。

第3章　改革の両輪　～調達業務の高度化と購買業務の効率化　　85

⑤　高付加価値を創出するスキルの欠如

　付加価値創出に向け成すべきことを理解しており，成し遂げる意思があって
も，高い付加価値を創出するに足るスキルを有しているとは限らない。それま
で発注伝票処理などの手配業務を行っていた人が，急に高度なソーシング業務
を行うことは難しくて当然である。調達業務に求められるスキルは幅広く，す
べて内製化することが正解とは限らない。どのようなスキルを優先的に身につ
けるべきか，調達組織のケイパビリティを向上させるために取りうる方策とは
何かなど，次節にて詳述する。

　ここまで，高度化の効果を出しきれない主な要因と対策を述べてきた。調達
部門の意識や行動の変容，スキル向上に加え，高度化のために取り組むべき業
務内容や取組みの成果を可視化することが重要であるといえる。

(2)　高度化への取組み事例

　ここで，実際に高度化を阻む罠に対して取り組んだ某国内の大手メーカーの
事例を紹介しよう。

　この会社は，合併を繰り返して事業の多角化を進めてきたことから，国内お
よびグローバルに多くの生産拠点を構え，各拠点や事業部で調達購買機能が分
散していた。これではいけない，抜本的な改革が必要だ，という認識が経営陣
にはあったが，どうすればよいのかわからない。効率化であれば目の前の業務
に取り組んで個別最適化すればよいのだが，高度化により付加価値を高めると
なると，いま行えていない，やり切れていない，もしくは抜け落ちている業務
に取り組むことになり，「見えないものを可視化する」ことから始めなければ
ならず，手探り状態であった。

　このような状態にある場合，調達のあるべき姿，なすべきことを明らかにす
るため，高度化に向けた構想策定を実施することが極めて重要になる。まず，
調達の高度化に向けた取組みが進まない要因を明らかにするために，業務調査
を実施，現状の調達・購買の実態や，調達部門と事業部門との関連性などを確
認した。業務調査を通じて現状の課題を把握，課題仮説に対する分析により，
調達購買のあるべき姿の案出しを行い，高度化に向けた施策の方向性を検討し

た（図表3－10）。

[図表3－10] 高度化への取組みアプローチ

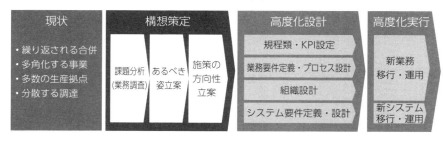

業務調査の結果，各拠点の調達購買部門担当者は，日々の発注業務や伝票処理などの定型業務に追われて忙しくしており，サプライヤーとの関係性の見直しや，より効果的な交渉プランの策定など，事業収益の改善に寄与する戦略的な取組みの必要性は認識しつつも，十分に検討，実行する時間を確保できていない実態が明らかになった。部署によっては，システムへ情報を入力する作業が調達購買活動全体の7割を占め，調達業務の割合は3割程度にとどまっていた。そこで，高度化業務に十分なパワーをかけられるよう，効率化による調達業務へのリソースシフトを実施することとした（図表3－11）。

[図表3－11] リソースシフト

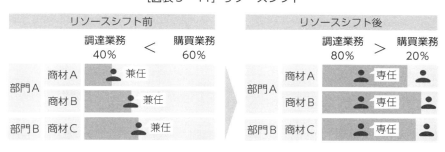

構想策定を行うことによって，高度化業務にパワーをかけられていない実態が明らかになるとともに，高度化を阻む要因として大きく2つの課題が見受け

られた。1つは調達部門が関与する業務領域が狭い（関与の幅が狭い）こと，もう1つは付加価値を創出する業務の理解と知見が不十分である（品質を高められていない）ことである。そこで，調達部門の関与の幅を広げる，調達業務の品質を高めるという2つの方向性で打ち手を検討した。

① 課題と対策1：全社調達部門が関与する領域の積極的拡大

　この企業は過去に合併を繰り返してきた経緯もあり，事業が多角化，生産拠点も多く，事業部，本社，グループ会社，グローバル拠点の各所でバラバラの調達活動を行っていた。業務調査において，調達購買実績データをもとに支出状況の分析を行った結果，調達先進企業では見られない規模の分散型購買が手つかずのまま，コスト削減余地が多く残されている状態であった（図表3－12）。

[図表3－12] 調達改革前における調達部門の関与領域

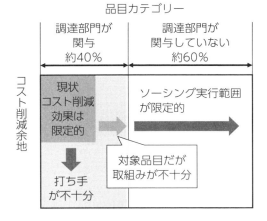

　本来は本社の調達部門が全社の調達活動を横串で見て全体最適を図るべき役割を担っているのだが，定型的な購買業務に忙殺されており，本来注力するべき戦略的な調達業務に十分な工数を割り当てることができていなかった。
　そこで，本社の調達部門が関与する業務領域や連携先部門を拡大，集中購買や，交渉窓口を特定の事業部に一元化するチャンピオン購買，仕様策定や製品

開発などの上流工程へ関与してコスト削減余地を引き出す開発購買などに積極的に取り組み，グループ調達力を活かしたコスト削減効果の拡大を図った。

② 課題と対策２：高度化業務に関する理解と知見の深化

日々の購買業務に忙殺されている現場の担当者からは「操業を止めるわけにいかない」「他部署と連携をとる時間がない」といった声も聞かれた一方で，管理者の中には，定型性の高い購買業務を主業務として長年の経験を積み上げてきたベテランほど「ソーシングに対するスキルや意識が低い」との懸念を示す方もいた。

そこで調達部員に対して，高度化業務とは何か，調達業務の具体的な内容に関する理解を深めさせるとともに，難易度の高い調達業務にチャレンジする意識を持たせるために，職務分掌による役割を明確に示し，積極的に成果を生み出す動機につながる活動KPIを設定することとした。

前述したとおり，現状を明らかにし，本来行うべき活動を洗い出し，改革の方向性を定める構想策定が重要である。この会社でも構想策定の結果，「業務領域の拡大（広げる）」と「業務品質の向上（高める）」という２つの大きな方向性を見出した。

その上で，グループ横断で調達活動を推進する調達統括組織を組成し，スケールメリットを活かしたコスト削減効果の最大化に集中できる体制を構築した。また，リソースシフトにより高度化業務に十分な時間を確保し，担当者のモチベーションアップを図りつつ，高度化を積極的に推進した。これらの施策を通じて，調達購買組織の実績と実力を積み上げ，段階的に調達活動の範囲を拡大する道筋を明らかにしたのである。

第４節 │ 調達組織のケイパビリティ強化

前節では，調達の高度化を目指す改革に向けた構想策定の事例を示した。分散する購買業務の集約による効率化と，「業務領域の拡大」と「業務品質の向上」による高度化の２つを軸とした改革プランであったが，この改革を成し遂げるためには，購買業務から高度化業務への人材リソースシフトが必要であり，

第3章　改革の両輪　〜調達業務の高度化と購買業務の効率化　　89

高度化には異なるスキルが必要である。

　そこで本節では，調達業務を通じて高付加価値を創出するために必要なスキルについて説明する。

(1)　購買業務と調達業務に必要なスキルの違い

　図表3‒13に購買業務と調達業務に必要なスキルの違いをまとめた。

[図表3‒13] 購買業務と調達業務に求められるスキル

必要となる主な業務スキル	購買業務	・正確な作業遂行能力 ・円滑なコミュニケーション能力	➡	規定演技
	調達業務	・あるべき姿の構想策定力 ・事業構造や事業戦略を理解する力 ・課題と施策を仮説立案する思考力 ・ステークホルダーを巻き込み施策を 　進めるリーダーシップ ・特定のカテゴリーに関する専門的知見 ・見積の査定力・交渉力 ・情報収集・分析力	➡	自由演技

　主な購買業務としては，契約内容どおりに注文を出す発注業務，納品された物品やサービスが発注内容どおりであるか確認する検収業務，支払予定額が納品内容に見合った金額であるか確認する支払管理業務等が挙げられる。

　これらの購買業務は特定の品目によらず共通の処理であり，特定の調達物品やサービスに関する専門知識は不要である。しかし，所定の手順に従って正確かつ期限内に業務を遂行することが求められるため，作業手順の正確な理解力，受注内容の確認や納期調整における取引先との円滑なコミュニケーション力，多くの伝票や帳票を正確に処理する能力が必要である。

　一方，調達業務は，自社に有利な契約条件を引き出す発注先選定，見積評価，交渉に加え，事業戦略と連動した調達戦略やルールの策定など戦略的な業務を含んでいる。

業務の性質上，内部環境や外部環境の変化，サプライヤーとの取引を含む社内外の関係者とのコミュニケーションを通じた柔軟かつ適切な対応が求められるため，購買業務とは必要なスキルが大きく異なる。では，調達業務に具体的にどのようなスキルが必要か示していきたい。

(2) 調達高度化に必要な人材のスキル

調達業務で付加価値を生み出すためには，自身が担当する品目の特性や取引先などに関する専門的知識さえあればよいというわけではない。事業構造や事業戦略を理解する力，調達の現状を客観的に捉えて課題を洗い出し，改善の方向性とあるべき姿を設定する構想策定力，市況水準や品質に見合った金額であることを判断する調査・分析および見積査定能力，要求部門や技術部門などを巻き込むリーダーシップ，要件や仕様を確認し理解するコミュニケーション能力，提案内容の矛盾を突き自社にとって有利な交渉を展開する論理的思考力など，ビジネス全般のスキルの底上げが必要である。以下，具体的に見ていこう。

① 特定のカテゴリーに関する専門的知見

カテゴリー戦略を策定，遂行するにあたっては，特定のカテゴリーに関する知見が必要となる。例えばITカテゴリーであれば，導入するソリューションや製品の仕様や費用の相場感，選定候補ITベンダーの特性，既存システム環境と関連する業務領域に関する知識，RFP（提案依頼書）を読み解く力などである。

② 見積りの査定力と交渉力，コミュニケーション能力

外部流出コストを適正化するためには，見積金額の適正性を精査し，評価できる力が必要となる。対象となる物品やサービスの市況最安値水準を捉えるためのリサーチ能力に加え，コスト構造を分解，コストドライバー（コストの変動要素）とコスト算定ロジックを仮説立て，検証する論理的思考力が問われる。算定した適正価格をもとにした交渉シナリオの作成力，サプライヤー側の言い分に含まれる論理的矛盾を突く想定問答の瞬発力，相手の懐に入り込むコミュニケーション能力など，自社に有利な条件を引き出す交渉を成功に導くために

必要な能力が求められる。

③　情報収集・分析力（実績検証，財務分析など）

　カテゴリー戦略の立案やストラテジックソーシングの遂行にあたって適切な判断を下すには，客観的で正確な情報と論理的判断を助ける適切な分析が必要となる。各サプライヤーとの取引内容の傾向を捉え，評価し，取引方針の策定や交渉，課題協議などに活かす。また，取引実績の推移を定量的に捉え，調達部門による高度化施策の成果を可視化することは，経営や関連各部からの理解と協力を取り付ける際の助けとなる。

④　リーダーシップ

　調達高度化は，調達購買部門だけで閉じた活動で成せるものではない。各事業部門をはじめ，技術や品質管理，法務など様々な部門と連携，役割分担をしながら進めていく活動である。そのため，関連各部の理解を得つつ，協力を取り付けて，活動を推進していくリーダーシップが欠かせない。

(3)　調達組織のケイパビリティを高める方法

　購買業務と調達業務それぞれに求められるスキルや知識は異なるため，これまで発注伝票処理など購買業務に携わっていた担当者が，突然翌日から調達業務を遂行できるとは限らない。

　それでは，いかにして，購買業務に携わっていた担当者を調達業務に対応できるようにすることができるのだろうか。人的リソースのレベルアップの方法は，内部人材の育成と外部人材の活用があり，それぞれ内製，外注によって取りうる方法が異なる（図表3－14）。

[図表3 - 14] ケイパビリティ強化の取組み方針

	内製	外注
内部人材の育成	社内研修 OJT	資格取得
外部人材の活用	採用	外部委託 （コンサル等）

① 内部人材の育成

　内部人材の育成を内製する場合，自社の内部環境，外部環境を踏まえて様々な研修を実施できる。調達戦略の考え方，フレームワーク，各種方法論，見積査定のポイント，コスト削減手法，適正単価水準を捉えるための情報収集の仕方などの一般的な知識や知見だけでなく，社内で取り扱っている品目の特性，取引先に関する情報や，個別品目や取引先に応じた交渉のコツといった専門的な知識や知見に関するメニューを必要に応じて付け加えてもよいだろう。

　図表3 - 15は，調達購買部門メンバー向けの社内研修に先駆けて実施したスキル成熟度チェックの実例である。チェックの結果，「1．外部環境分析」，「2．内部環境分析」，「3．戦略立案」のスキルが低い傾向にあることが判明したため，スキルが低い項目に重点を置いた研修ワークショップを開催した。管理職にも参加してもらい，「Train the trainer」つまりマネジメントのトレーニングスキルの向上も兼ねたトレーニングを実施したものである。

第3章 改革の両輪 ～調達業務の高度化と購買業務の効率化

[図表3-15] スキル成熟度チェック項目（例）

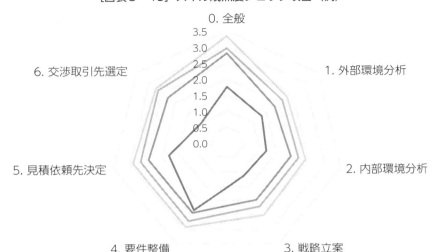

0．「全般」：プロジェクトマネジメント，社内外関係者との関係構築，ドキュメンテーション
1．「外部環境分析」：サプライヤー分析，カテゴリー分析
2．「内部環境分析」：課題仮説構築，単価分析，統計分析
3．「戦略立案」：コスト要素分解，ベンチマーク分析，数量・仕様の適正化
4．「要件整備」：要求仕様の理解，RFx作成，契約条件の理解
5．「見積依頼先決定」：見積分析，4M分析，交渉
6．「交渉取引先選定」：サプライヤー評価

　ただし，調達領域全体を対象として汎用，専門双方の知識と知見をメニュー化し研修を行うにはそれなりの工数がかかるため，一般的な知識，知見については外注のひとつとして資格取得も活用したい。調達購買の職業資格には例えば，グローバルレベルではイギリスのCIPS（Chartered Institute of Procurement & Supply）や，米国サプライマネジメント協会（ISM, Institute for Supply Management）が定めたCPSM（Certified Professional in Supply Management）がある。なお，CPSMは日本においては，日本サプライマネジメント協会が推進している。また，日本ローカルの資格では日本能率協会が認定するCPP（Certified Procurement Professional）がある。

②　外部人材の活用

　外部人材の活用には，バイヤー経験者を中途採用して内製化（正社員化）する方法と，調達購買を専門とするブティックファームや総合コンサルティングファームに外部委託する方法が考えられる。

　このうち時々質問される外部委託について触れると，活用するメリットは大きく２つある。１つは，社内外のしがらみに縛られず，客観的かつ中立的な立場から合理的な判断を取引先や社内関係者に示せる点。もう１つは，社外のベンチマークやベストプラクティス事例を活用できる点である。適正な単価水準を判定するためには，社内ベンチマークだけでなく一般市況単価水準など社外ベンチマークを参考にすることで，より大きなコスト削減効果を創出できる。また，ベストプラクティス事例を参考にすることで，コスト削減の目標値や施策を設定できる。

　ただし，外部プロフェッショナルは自社製品の個別仕様や取引先の戦略的取組みを理解するまでにキャッチアップ期間を要する。そのため，外部リソースと内部リソースを有効に連携させる方法としては，外部プロフェッショナルには自社外の情報や市場に関する知見を任せ，自社の要件や取引先方針，過去の交渉経緯などの内部情報は自社で整理し，２つの情報を連携後，客観的で合理的な調達戦略策定，交渉プランの立案などを行うという手も考えられる。

＊

　本章では，調達改革の両輪である購買業務の効率化と調達業務の高度化に取り組む際の注意点を説明した。効率化は目の前の業務を対象とするため容易である一方，高度化は見えていない業務を認識することから始めるため難易度が高い。

　本来やるべき業務，やり切れていない業務の棚卸を行い，調達部門が提供すべき価値を再定義し，業務や組織，人材育成など多面的な見直しが必要であることから，高度化への取組みは効率化とは大きく異なることもおわかりいただけたと思う。

　高度化による付加価値は大きいものの，拙速な取組みは禁物である。現状を踏まえたあるべき姿と改革をプランする「構想策定」のフェーズを設け，合理

的なプランを作り，関係者へ改革の意義を腹落ちさせるステップの必要性についても改めて認識いただけたらと思う。

調達改革に取り組もうとする方，またはこれまで取り組んだが十分な効果を創出できなかった方も，これまで説明した内容を参考に構想策定を行い，効率化に留まらない高度化を推し進めていただきたい。

高度化のための組織配置・機能権限設定

第３章でみてきたとおり，調達購買改革には調達業務の高度化，購買業務の効率化，オペレーティングモデルの再構築等，多面的な視点で取り組むことが必要であるが，これらを円滑に進めるためには土台となる組織や機能はどのように配置すべきなのだろうか。

　日本では1997年の解禁以後，ホールディングス化を進める企業が増加し，本社機能をなるべく小さくし，事業子会社の意思決定を迅速化することで競争力を高める「遠心力」を効かせた経営が重視されてきた。様々な機能が事業子会社に委譲される中で，本来本社による集中化やガバナンス強化を図る「求心力」が求められるはずの調達購買機能も一様に委譲され，調達購買機能の弱体化を招いた企業も多かった。

　また一方で「求心力」を追い求めるあまり，画一的な集中化を推し進めて失敗するケースも多い。調達購買機能の効果を十分に発揮させるためには，将来達成したい姿を明確にした上で，組織配置や機能権限をバランスよく設計・運用する必要があるが，検討においては落とし穴も多く，注意すべき点が多いのが特徴である。

　本章では調達購買機能を高度化するにあたり，日本企業が陥りがちな組織配置や，機能権限を設定する上での３つの罠を紹介する。その罠にはまらずに改革を進めるための，調達品目の特性に応じた本社の関与パターンや機能子会社等を含めた機能権限の設定方法とその進め方について説明することで，本社の管理範囲を拡大し，構想を絵に描いた餅にしないための実行体制構築の示唆としたい。

第4章　高度化のための組織配置・機能権限設定　　99

第1節 │ 遠心力を利かせた経営による調達領域の機能不全

(1)　調達購買領域における5つの権限

　調達購買業務をより高度にしていくためには，調達購買業務に関する組織の体制や各組織が持つ権限を適切に配置していくことが必要である。この権限配置に偏りやちぐはぐな部分がある場合，せっかく持たせた機能が発揮されないだけでなく，形骸化や乱用により調達購買業務のレベル低下を招くことにもつながる。

　調達購買領域の主な権限は図表4－1のとおり，調達業務に分類される①「ルール策定」，②「仕様決定」，③「業者決定」と，購買業務に分類される④「発注・検収・支払」および共通的な⑤「モニタリング」の5つである。

　この5つの権限を本社に寄せていくほど統制は利かせやすくなるが，工数やスキル面での対応の難しさが発生し，事業部門（要求部門）に寄せていくほど工数の無駄やコスト高を招きやすくなるため，バランスよく配置していくことが重要になる。

[図表4－1] 調達購買領域の5つの権限

業務領域	権限	内容
調達	①ルール策定	調達戦略方針や基本プロセス，管理項目を策定する権限
	②仕様決定	調達品目が満たすべき規格・機能・性能・サービス内容等を決定する権限
	③業者決定	見積回答を比較し，品質・コスト・納期等を勘案し取引先を最終決定する権限
購買	④発注・検収・支払	決定条件で発注および納品されたことを確認し，支払を決定する権限
共通	⑤モニタリング	ルールどおり業務実行されているかをチェックし，違反者へ是正指示を出す権限

⑵ グループ経営の動向 ～遠心力を利かせた経営の必要性の高まりと 組織配置・機能権限設定の原則

調達購買領域における具体的な組織配置・権限設定を見ていく前に，まずは近年の日本企業全体としての動向を捉えていくこととする。

日本では，1997年に持株会社設立が解禁されて以降，複数のビジネスモデルを組み合わせてシナジー効果を得たり，税制改正による組織再編の税負担が軽減する等のメリットを享受するために，ホールディングス制を取る企業が増加していった。

さらに近年は，ライフスタイルの変化や技術進化等で事業環境が多様化したことで，M&Aや分社化が進み，グループ会社の増加に拍車が掛かった。そのため，子会社を含めた企業グループ全体で成長を目指すグループ経営の必要性がより高まっている。

加えて，グローバルでの競争が激しさを増し，より一層の成長スピードを求められる事業環境では，本社が強権的な力を発揮する求心力を重視した経営ではなく，各子会社が自律的に迅速な意思決定を行うことで，競争力の向上を目指す遠心力を利かせた経営が重視されるようになっている。

しかしながら，むやみに機能権限を子会社に委譲するのではホールディングス本社の存在価値はない。本社へグループ全体のスケールメリットを活用する機能や，ボトムラインを改善し経営効率を向上させるためのグループ共通の管理機能は集約させる反面，子会社には個社性の強い機能や事業運営の決定権を委譲することで，バランスを取ることが重要なのである。

第4章　高度化のための組織配置・機能権限設定　101

[図表4-2] グループ経営の目指すべき姿

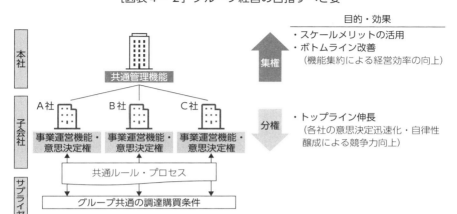

(3) 行きすぎた遠心力による弊害と調達購買機能に起こりがちな誤認識

しかしながら，現在の日本企業においては厳しい事業環境の中で，トップラインを上げることを強く求められた結果，子会社側への権限委譲が優先され，遠心力が強まりすぎている状態が散見される。

本来，本社が持つべき管理機能までも子会社で持つようになり，本社と重複した組織・機能権限が形成されることで徐々に子会社ごとの対応が増加し，業務効率の悪化やコンプライアンスの統制が困難な事態を招いている。具体的には子会社独自のルールやプロセスの運用によるガバナンスの低下，重複作業による効率性の悪化，本社と重複した役割の人員配置による人的リソースの無駄，各社の施策の不整合等，多くの悪影響が出ることとなる。

この状況は調達購買機能以外でも様々な機能に起こりうることだが，調達購買機能はもとより事業と紐付きが強いこと，各拠点等でも発注や検収等の業務が発生していること，また調達品目自体の専門性が高いものも多いことから，各子会社に任せるべきと認識されがちである。

遠心力を重視した調達購買業務では，全社で統制・整合された調達戦略がなく，子会社ごとの活動を助長してしまう。結果として統一的な基準やプロセスでの見積りの取得，業者選定が行われなくなり，各社で同一のものを調達して

いても，商材やサプライヤーの情報は共有されず，集中調達によるスケールメリットを活かすことができなくなるばかりか，仕様や単価にばらつきが出てしまうなどの状況に陥ってしまうのである。

[図表4-3] 遠心力を強めすぎて権限のバランスが崩れている状態

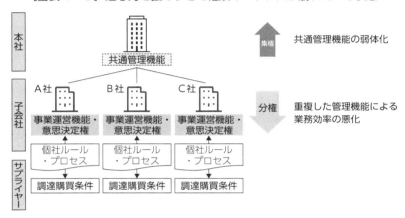

このように，日本企業では様々な外的要因から遠心力を強めた経営を行うことが多くなったが，調達購買機能に関しては遠心力を利かせることがグループの競争力の強化につながるというのは大きな誤解といわざるを得ない。調達購買機能においてはすべてを子会社に任せるのでなく，求心力を高めて，いかに本社が関与できる範囲を増やせるかが重要となる。

第2節　求心力を高めた調達購買業務における3つの罠

ここまで進めてきた話により，調達購買機能においては求心力を重視していくべきであることは理解いただけたかと思う。

しかし，ひたすらに求心力を高め，本社に業務や権限を集めていくことが調達購買機能の高度化につながるのだろうか。いや調達購買機能の持つ特性上そう簡単なことではない。ここでは調達購買機能の特性を踏まえて，求心力を高めようとするあまり陥ってしまう3つの罠を紹介する。

第4章　高度化のための組織配置・機能権限設定　　103

[図表4‐4] 求心力を高めようとするあまりに陥ってしまう3つの罠

3つの罠	概要
集約化の罠	調達品目の特性にかかわらず，一律に集中調達をしようとしてしまい，集中調達が有効でないものは本社の関与ができなくなり，関与範囲が狭まる
専門化・外部化の罠	調達購買業務を委託する場合，業務特性や要求部門との力関係，委託方法を適切に設定しなければ十分に機能しなくなる
統制の罠	調達活動を管理するためのプロセスや指標を運用するも，経営層・要求部門への共有・巻き込みが不十分で協力・連携が取れなくなる

(1) 集約化の罠

　最も陥りやすいのが集約化の罠である。調達購買機能における求心力として，集中調達が最もイメージしやすいだろう。各所で個別に調達するのではなく，全社の数量をまとめてスケールメリットを活かした一括調達を行うため，子会社の権限は本社へ引き上げられる。

　本社で全社一律の調達条件を設定するため，スケールメリットによるコスト低減や重複したソーシング業務の削減，プロセスの可視化によるコンプライアンスリスクの低減など効果は高い。そのため，何でも集中調達をすることが正しいこととして目指してはいないだろうか。

　図表4‐5は本社・子会社（要求部門）の関与形態を4つの型に分類したものである。左から「集中型」「協働型」「牽制型」「分散型」となり，左のものほど本社の関与具合や権限が大きくなっている。

　まず，「集中型」は先ほど触れた集中調達を行う場合の関与方法であり，本社がルールや仕様，業者，価格等を決め，子会社には④「発注・検収・支払」のみ担わせる形となる。この形では本社が調達購買行為の大部分を担うため，統制が最も強くなり，本社に調達スキルがあればコストや業務効率面で効果は高いだろう。しかし，この形態を取るには，本社が全社の関係者を巻き込み，一部の権限を引き取る強い推進力が必要であり，調達品目についての深い知識と子会社（要求部門）の要求事項を十分に理解することが求められる。また，

[図表4-5] 本社の関与形態の4類型

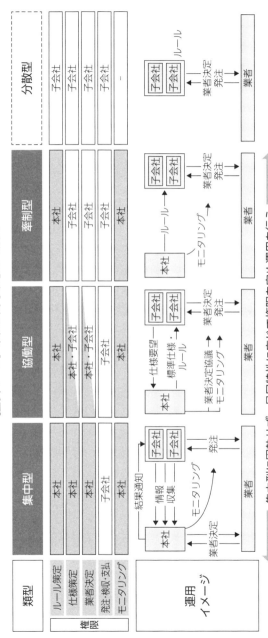

調達品目の特性として全社一括で仕様を決定し，まとめて調達可能であることも条件となるため，集中型だけを追い求めることは，本社の関与範囲を限定的にしてしまう可能性が高い。

次に，集中型では本社が関与しづらい調達品目に対する関与形態として協働型と牽制型を見ていく。まず協働型はその名のとおり，本社と子会社が仕様決定や業者の選定部分で最適解をとるために協働を行う形である。この形態を取る調達品目の大きな特徴としては，基本的な仕様の共通性はあるが，個別の発注単位では詳細仕様が異なるものだということである。

例えば，子会社の拠点の大きさや保有している設備内容によって仕様が異なってくる場合などがこれに当たる。拠点の詳細条件を把握して拠点ごとの仕様を作り込んでいくことは本社では困難であるため拠点側で担う一方，拠点側だけでは他拠点と比べて自拠点の仕様の高低の判断がつかず，「予算内であればハイスペックなものを」となりやすくなるため，本社側で全社の整合を取る等の調整を行う形で協働するのである。

また，サプライヤーとの交渉においてもエリア・拠点単位の交渉が必要な場合は本社でそのすべてを担うことは困難であるため，拠点側で担うことになる。しかしながら，拠点側にだけ任せると，他拠点での有力サプライヤーの招聘漏れや取引先選定時に現行取引先との関係性やスイッチングコストの過大な評価で選定が恣意的になりやすいため，本社で判断の合理性・公平性が保たれているかを確認して指導する形で協働するのである。

続いて牽制型は仕様に共通性がなく，特定部門にて個別に調達を行う場合の関与形態となる。特に調達品目の専門性が高く，本社で知見を獲得するハードルが高い上に，特定部門しか調達していないため本社が関与することでの横展開などのメリットが少ないものが対象となる。牽制型では，調達行為は基本的に子会社が担い，本社はルールの策定と遵守状況のモニタリングを担うこととなる。他の関与形態より本社の関与が薄いからこそ，モニタリングの実効性と，ルール違反検知時に子会社に是正させる強い牽制力が重要となる。

最後に本社側の関与をまったくさせずに，要求部門側だけで完結させる形を分散型として定義している。この形態ではモニタリングさえ行われないため，子会社側の意識や調達スキルに依存し，かつ性善説を前提とした運用となる。

そのためコスト高やコンプライアンス違反等のリスクが非常に高いといわざるを得ない。分散型となるものはゼロとするのが原則である。

以上のようにやみくもに集中型を目指すのではなく，調達品目の特性に応じて本社の関与具合に濃淡をつけることが，本社の管理範囲を拡大し，求心力を高めることにつながるのである。

(2) 専門化・外部化の罠

求心力を高めるために本社で機能を保有する場合には，専門的なスキルを持ったリソースが一定数必要になってくることから，機能子会社やBPO ベンダーに委託することも出てくるのではないだろうか。

もちろん機能子会社やBPOベンダーをうまく活用することで，業務の大幅な効率化や専門性による効果の向上を獲得できる可能性がある。

一方，どこまでの機能をどのように委託するかを適切に設定できずに委託した場合，機能の形骸化や自社内での機能喪失により後戻りできない状態となる罠につながるのである。

まず，機能子会社に委託する場合の罠を見ていくこととする。

[図表4－6] 専門化・外部化の罠の概要

分類	起こりがちなこと	概要
専門化の罠 (機能子会社へ 委託する場合)	企画統制機能の 不全	調達戦略策定，戦略を遵守させる統制機能を，機能子会社に委託することで，グループ全体の利益を優先した判断ができなくなる
	機能子会社の ミッションとの 相反	機能子会社が売上・利益をミッションとする場合，業務効率の高い業務の提供や仕入価格低減等，本来の意義が果たせなくなる場合がある
外部化の罠 (BPOベンダー へ委託する場合)	BPOベンダーへ の丸投げ	委託内容を整理せずにBPOベンダーに委託すると，業務がブラックボックス化・依存過多となり，業務レベルが上がらない状態となる

① 専門化の罠　～企画統制機能の機能不全

機能子会社の詳細な定義はここでは割愛するが，本社や事業子会社の一部の業務機能を担う子会社をイメージしていただきたい。経理や人事といったバックオフィス関連の業務を担うものや，製造，物流といったサプライチェーンの

業務領域を担うものもある。調達購買業務も例外ではなく，グループ全体の調達購買業務の担い手として機能子会社を活用することはよくある事例であろう。その際，多くの場合は，なるべく多くの業務を機能子会社へ委託することを目指していく。これはせっかくの機能子会社を最大限活用し，空いたリソースをコアとなる業務に注力させていく側面としては正しいことだといえるが，調達購買機能の場合はここに大きな罠がある。

　調達購買業務においてすべての機能を機能子会社へと委託することは，機能不全につながる可能性が高いのである。なぜか。それは，調達購買業務にはグループ内の調達方針を決定する戦略策定機能や，定めた戦略を各グループに存在するユーザーに正しく実行させる企画統制機能が含まれることに起因する。一般的にグループ経営における力関係は事業子会社が強く，機能子会社は弱いという構図が多い。これは事業子会社が事業の中心により近く，財務的なインパクトが大きいこと，機能子会社は事業子会社から仕事を請け負っているという構図であることを踏まえると致し方ないことである。この構図を理解せず，戦略企画機能や統制機能までも機能子会社に委譲してしまうと，各子会社の状況を加味しつつもグループ全体の利益を優先すべき判断が，個社の意向を押し付けられるなどにより歪んでしまう可能性が高いのである。

[図表4-7] 保持する組織による戦略策定・統制機能の効果の差異

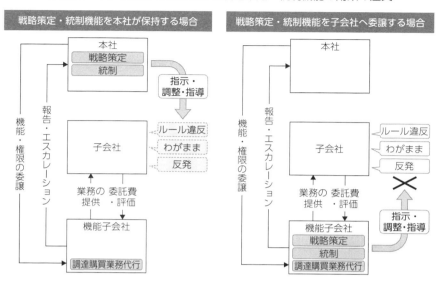

　また，事業子会社の担当者たちのルール違反やわがまま，反発などに対して強権的な指示や指導ができない，たとえできたとしても立場の強い事業子会社が言うことを聞かない事態となる場合が多く，企画統制機能が機能しなくなるのである。したがって，調達購買業務を機能子会社へ委託する場合，委託する業務が企画統制機能であるかを見極めた上で，企画統制機能に関しては本社側で保持し，その他の業務は機能子会社側で持つという切り分けをすることが重要となるのである。

② 専門化の罠　～機能子会社のミッションとの相反

　次に機能子会社のミッションによっては，委託した業務のレベルが上がるどころか下がってしまう危険性があることを見ていきたい。機能子会社のミッションの持ち方には大きく2つのパターンがある。1つ目はグループ会社への業務提供を行う内販やそのノウハウ等を生かした外販にて，売上・利益の拡大をミッションとする，いわゆるプロフィットセンターとなっているパターン。2つ目はグループ会社への質の高い業務を提供し経営効率を上げることをミッ

ションとして自社の利益は求められない、いわゆるコストセンターとなっているパターンである。調達購買業務を委託する機能子会社のミッションが前者のパターンであった場合には、罠にはまらないように気をつけなければならない。

[図表4-8] 機能子会社のミッションの違いによる評価指標や事業運営の違い

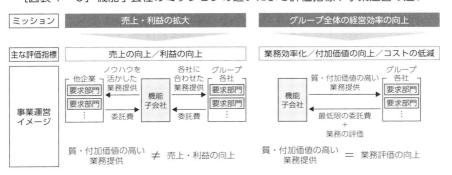

機能子会社が売上・利益を求められる場合、当然本社からの評価項目も売上や利益をどれだけ出せたかになってくるため、業務レベルを上げることは最優先事項ではなくなってしまう。特にグループ会社への内販では慣例的に機能子会社に委託する場合や委託することがルールとなっている場合もあるため、業務レベルが低くとも機能子会社は業務を受託できるのである。いや、むしろ業務量に応じて対価が支払われていることが一般的であることを考えると、業務効率が悪いほうが、売上（評価）が上がる構造となる。こうなっては機能子会社が自律的に業務改善をする動機がなくなり、委託によって上げようとした業務レベルが一向に向上しない状態に陥ってしまうのである。

また、調達購買業務では他領域の業務よりも一層経営効率の悪化を招く可能性がある。それは機能子会社が、外部から調達したものにマージンを乗せてグループ会社に売るという商社的な立場となっている場合である。これは調達購買業務では比較的よくある形であるが、端的にいえば、かかった業務量と人件費ではなく、外部からの調達金額とマージン率によって対価が決まることになる。この形の問題は、対価の妥当性判断が難しく過剰なマージンが許容されがちなことである。業務量と人件費であれば、業務内容とグループ企業内の人件

費水準から判断できるが，機能子会社が外部から仕入れた価格やマージン率はブラックボックスであること，かつ明確な委託費という支出項目として出てこず，各調達品目の価格に含まれてしまうため，対価総額のチェックが難しくなることで，機能子会社は比較的自由に対価をコントロールできてしまう。

では，調達品目の仕入価格を明示させ，マージン率も〇％と対価を明確にすればよいと思われるかもしれないが，それでも，グループ全体の利益と機能子会社の利益の相反は起こってしまう。グループの利益としては，外部からの仕入価格を抑えたほうがメリットになるが，機能子会社としては仕入価格が高いほうが対価は大きくなるためだ。グループの利益よりも自社の売上・利益（親会社からの評価）が上がることが優先され，真剣に仕入価格を引き下げる努力を怠るようになり，調達購買機能が形骸化していくのである。

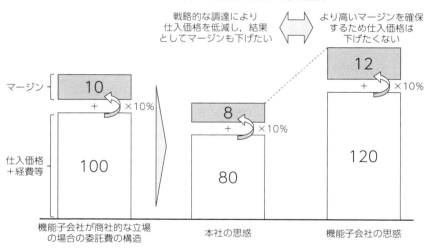

[図表4－9] 本社と機能子会社の利益相反

機能子会社は，一般にグループ内の業務を引き受けることに端を発しているため，グループ会社への内販比率が高いことが多い。また，外販の拡大を目指す場合でも，グループ内のノウハウに偏っていることやグループ基準の人件費が専業の同業他社よりも高い場合も多いことから市場での競争力は低く，苦戦

するケースも多い。このような状況下で機能子会社が本社からの評価を得るために見出す活路は「グループ会社から稼ぐ」になりがちである。機能子会社の本来の意義であるグループ経営の経営効率の向上を本社と同じ方向を向いて目指せているかは，いま一度確認してみてほしい。

ただし，機能子会社がこのような対応を取ることは一概に機能子会社が悪いのではなく，ミッションの与え方が悪いと考えるべきであり，機能子会社側に一方的に改善を要求しても対応は難しいだろう。グループ全体を通して，方向性として機能子会社にどのようなミッションを与えるべきかを，本社から指示していくことが必要である。

③　外部化の罠　～BPOベンダーへの丸投げ

続いてBPOベンダーに委託する場合の罠について見ていこう。委託する業務の範囲については，事業子会社より力関係が下となることは機能子会社の場合と同様であるため，企画統制機能を持たせることは機能不全の罠にはまる。

他方，委託するのであれば現状業務の整理を含めて依頼し，専門家の見地から効率的・効果的な業務プロセスを構築できると思われるかもしれないが，ここに罠がある。仕様要件が不明確なまま外部に委託するということは，何をお願いして，何に対価を支払っているのかわからないまま委託しているということである。この状態は費用の健全性が低いだけでなく，自社の業務内容がブラックボックスとなってしまうことを示している。

それでも委託当初は，まだもともと当該業務に従事していたメンバーもおり，曖昧ながらも業務を把握しているため，大きな問題にはならず，危機感もないだろう。しかし，時間が経つにつれ，記憶は薄れ，異動や退職などで業務を知る者がいなくなる。そうなるともう，自社の業務にもかかわらず，BPOベンダーに問い合わせなければ内容がわからなくなり，立場は逆転，本社が求心力を持ってコントロールしているとはいえず，BPOベンダーへの依存状態，丸投げ状態に陥るのである。

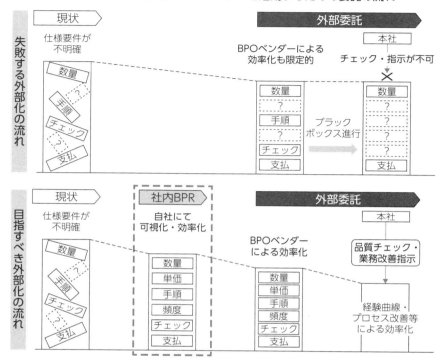

[図表4-10] 効果的にBPOベンダーを活用するための委託の流れ

　また，この状態でBPOベンダーから委託金額の減額につながる効率化提案が出てくることはなく，当初の思惑とはまったく別の形になっていくのである。自覚がないまま，いつの間にか骨抜きにされてしまった後に自社の機能として取り戻すことは，ゼロから業務や人材を作り上げることになり，非常に時間と労力がかかることは想像に難くない。この罠にはまらないようにするためには，時間や手間はかかるものの，BPOベンダーへ委託する前に自社で仕様要件を整理すること，継続的に仕様把握や効率化余地をBPOベンダーと協議する仕組みを作っていくことが重要である。

(3) 統制の罠

　本社が求心力を持って子会社を管理していく形として，本社が策定したルー

第4章　高度化のための組織配置・機能権限設定　　113

ルや指標の遵守を子会社に課し，状況を管理していくことはごく一般的なこと
だろう。しかし，ここでも調達購買業務の特徴を踏まえて，指標の内容や運用
を設計しなければ，統制は形骸化し，本社の意志を浸透させることはできない
だろう。

① 自律的な改善のためのPDCAサイクルの構築

　まず，第1にPDCAのサイクルが回るように統制プロセスを構築することが
重要である。当然のことではあるが，この当然のことが意外とできていないこ
とが多い。よくあるパターンを2つ紹介してみたい。

(a) 「やりっぱなし」パターン

　これは統制するためのルールや指標は決めて，社内に発信はしたものの，指
標の結果を測っていない，測ってはいるがフィードバックをしていない形であ
る。フィードバックをしていないため，改善には当然つながらない。原因は，
本社が発信して満足している，ルールがあれば守られると思っている，そもそ
も明確に測れる指標を設定していない，フィードバックする対象の関連部門な
どを巻き込めていない，など様々だが，ルールを作っただけでは，チェックが
機能せず不完全となることは意識して設計すべきである。

(b) 「何をすればいいかがわからない」パターン

　これは指標結果のフィードバックは行っているものの，改善アクションへと
つながらない形である。原因には，指標の意味合いが曖昧な場合や指標が悪
かった場合に，どのようなアクションが必要になるのかが定義できていないな
どが挙げられる。

② 現場層への効果の体感と牽制のバランス

　第2に，現場層から継続的に協力を得るため，効果が体感できる指標での管
理と，自律的にルール遵守を促す牽制的な管理の2つの側面をバランスよく行
うことが重要である。

　調達購買業務の場合，本社の調達部門だけがいくら努力しても高度化にはつ

ながらない。事業子会社や各拠点などにいる各調達担当者にもプロセスを守って，手間のかかる作業もやってもらわなければならない。そのためには，自分たちの日々の協力がどのような成果につながっているのかを目に見える形で示すことが必要となる。わかりやすく成果を示すことで協力することの重要性が理解されれば，モチベーションにもつながるのである。

しかし，現場層はそういった性善説的な動きだけでは統制が利かないということも現実である。そのため，現場層の統制には併せて「チェックされている」という牽制をかけていく必要がある。牽制にはルール違反は検知されるという直接的なものに加え，チェック結果が経営層に届けられるといった緊張感を上げる工夫や，他部門との横比較等により自部門の状況が際立ち，悪目立ちしないようにしようという自浄作用を効かせるような工夫が必要となる。

③　調達パフォーマンスの見える化による経営層の巻き込み

第3に，経営層にも調達活動の意義を理解してもらい，後ろ盾をもらうことができるプロセスを構築できていることが重要である。特にこの部分ができていない企業が多いと感じられる。バリューチェーンやサプライチェーン上の機能である調達購買機能の状況がまったく報告されていないということは稀で，調達活動の報告自体はなされているが，報告を受けた経営層が調達購買機能の貢献度を認識し，必要に応じてトップダウンでの指示を出すことまでを想定したプロセスになっていないパターンが多い。

この部分の詳細は第2章にて述べているので，詳細は割愛するが，一見すると経営層も巻き込めているプロセスであっても，経営層を巻き込んでいる意義が果たせているか，という視点でプロセスを構築することが必要である。

ここまでで求心力を高めようとした調達購買機能がはまってしまう3つの罠を見てきた。いずれも求心力を高める施策の方向性としては間違っていないが，調達購買機能の特徴を捉えきれないことで，当初目指した状態や効果から遠ざかっていないか，いま一度見直してみて欲しい。

第3節　調達購買組織・機能配置の変遷事例

　ここまで見てきたように，調達購買機能は非常に戦略的な業務が含まれる一方，オペレーション業務も多分に含まれているため，総じてオペレーション業務だと誤認識されやすいものであるといえる。各企業にて様々な組織配置・権限設定が取られているが，我々がこれまで調査・支援をさせていただいている経験では，調達購買機能の特性を正しく理解し，最初から最適解に辿り着いている企業はごくわずかであると考えている。ここでは，前節で述べたような罠にはまりながら，試行錯誤をして最適解に近づけた企業の事例を紹介し，教訓を見出していこうと思う。

(1) 大手メーカーの事例

　事例とする企業は日本の大手メーカーに位置する企業であり，1990年代以前は経営状態も堅調であったが，2000年頃から業績の低迷により改善施策としてリストラや業務集約等によるコスト圧縮が急務となっていた。施策の大きな柱として，子会社の再編や各種業務を担う組織配置・機能権限の見直しが進められた。事業環境が変わる中で，特に調達購買機能を含む共通的な管理・運営機能に何度も見直しをかけたが，どのように配置し，なぜその配置に至ったか，一部推察も含め，解説していきたい。

[図表4-11] 大手メーカー事例の組織・機能配置の変遷

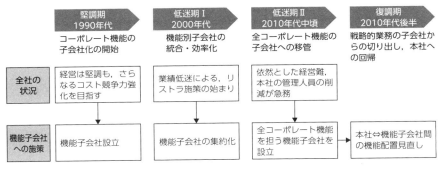

① 堅調期（1990年代）：コーポレート機能の子会社化の開始

　まず経営が堅調であった1990年代，第1の変化として先述した時代背景から，この会社でも事業会社に分散して存在していた人事，総務，人材開発，調達などのコーポレート機能の一部について，それぞれの機能ごとに複数の子会社を設立し，業務を集約した。この子会社の設立時期においては，調達購買業務もオペレーション業務のみを子会社に任せ，戦略的な業務は本社が担う形にて機能・権限が設計されており，各業務における業務効率化を目指したものだったと考えられる。

② 低迷期I（2000年代）：機能別子会社の統合・効率化

　その後，2000年頃から業績が悪化したことで第2の変化が起こった。業績改善の圧力が強まり，リストラ施策が推し進められ，事業子会社での人員削減や本業の一部の事業部門の売却が行われた。併せて間接機能についてもリストラ施策として，別々であった子会社を1つに統合したのである。子会社ごとに複数存在した経営管理機能を集約することに加え，子会社別に分かれていた現場の人員をまとめることで，業務間でリソースを融通し，流動性を高めることで，さらなる効率化を図ろうとした形だ。しかし，この段階ではまだ各機能のすべての業務が子会社に移管されていたわけではなく，堅調期と同様に戦略的な業務は本社に残されていたため，各機能の業務は問題なく実行されていた。

③ 低迷期II（2010年代中頃）：全コーポレート機能の子会社への移管

　子会社の統合後，しばらく同形態が維持されてきたが，十数年後，転機となる第3の変化が起こる。依然として経営難が続いたことでさらなるリストラによる経営改善のプレッシャーが高まったのである。結果，リストラ策の1つとして断行されたのが全コーポレート機能の子会社への移管である。これまで本社に残してきた経理，財務などのコーポレート機能も子会社へと移管し，また意図的に本社に残してきた各機能の戦略的な業務も子会社へと移管したのである。

　この会社では，堅調期から戦略的業務は本社に，オペレーション業務は子会社に分担させる形を取り，低迷期Iの段階でもその形は守っていたことから，

第4章　高度化のための組織配置・機能権限設定　　117

各機能の戦略的業務とオペレーション業務の違いを理解し，配置していたと考えられる。しかし，業績改善の強いプレッシャーに押される形で，すべてのコーポレート機能を子会社に寄せる形へと方針を変更したのである。結果として目標としていたコスト削減（人件費等の削減）は達成され，業績は回復の兆しを見せてくることとなる。

④　復調期（2010年代後半）：戦略的業務の子会社からの切り出し，本社への回帰

　全コーポレート機能を子会社へと移管したことが経営体質の改善に大きく寄与したことは事実であり，効率化を追い求めた組織配置・機能権限としては正解というべきものだったはずだが，この会社ではわずか数年で戦略的業務を本社へ回帰させるという，まさに揺り戻しとなる第4の変化を起こしている。原因はコーポレート機能の戦略的業務までを子会社に移管したことにより，要求部門に対する統制が利かなくなり，機能不全が起こったためである。調達購買機能について具体的にいえば，第3の変化にてこれまで本社が担っていた調達戦略の策定業務や各調達購買担当者が実施すべきプロセスの設計業務，モニタリング業務，全社横串しでのソーシング業務といった企画・統制業務を子会社に移管したが，子会社では要求部門を制御しきれず，徐々に要求部門による分散調達が進行し，調達コストの増大やコンプライアンスリスクの増大を招いてしまったのである。

　今回は一企業を例に見てきたが，似たような例は多く，戦略的業務とオペレーション業務を切り分けて分担する企業は多い。組織配置や機能権限が問題なのではなく，機能移管に伴い担当人員が変わったことによるスキル低下が問題ではないかという疑問もあるだろう。しかし，上記事例の企業では，第3の変化で子会社に機能を移管した際，基本的には本社で業務を行っていた人員を子会社に異動させ，同じように業務を行わせていたため，業務内容やスキルに違いはなかった。それでも要求部門はこれまでどおりの統制を受け入れなくなった。これは，機能の置き所が変わるだけで発揮される機能レベルが変わることの証明であり，グループ全体での力関係や指示・命令系統を理解して組

織・機能配置を行うことが重要であることを示している。

第4節 │ 組織・機能配置改革の進め方のポイント

　ここまで調達購買機能を高度化させていく際の組織・機能についての罠や実例を通して，どういった点に注意して配置していくべきかを述べてきたが，最後に，組織・機能を実際に改革していくときの進め方のポイントについて触れていきたい。これまで見てきたように調達購買機能の改革には，多くのステークホルダーの既得権に手を入れる場合もあることから，少なからず反対勢力も出てくるため，全社を巻き込んだ推進が必要であるという難しさがある。実現したい組織・機能配置はわかっていても辿り着けないという事態を避けるために，押さえておかなければならない進め方の4つのポイントを見ていく。

(1)　経営層によるリード

　組織配置・機能権限設定の変更は，人的リソースをどのように活用するかを変更することと同義であるため，経営的な判断が伴うものである。そのため，調達購買部門が全体を主導するには限界があり，経営アジェンダとして経営層（もしくは経営層直下の経営企画部門等）が主導する必要がある。もちろん，これまで述べてきたような罠にはまらないためにも調達購買機能の特徴や自社の実態を知る調達部門の関与は必須であるが，グループ全体としてどのような調達購買機能を描き，調達購買部門および関連する事業子会社の部門や機能子会社にどのようなミッションを負わせるか，基本的な設計は経営層が担うべきである。

　また，調達購買機能に求心力を持たせることは，事業子会社や拠点の要求部門が持っていた権限を本社に引き戻すため，反対勢力が出てくる可能性が高い。特に要求部門の権限が強い場合や予算管理がゆるい場合は，予算内であれば調達先のサプライヤーや調達品目の仕様を比較的自由に決めていた状態から，本社が口を出してくるのだから強い反発が出るのは当然といえる。実際にこういった取組みでは，「予算内で決めているのに何が悪い」「調達のルールや基準には違反していないから口は出さないでほしい」といった声はよく聞くことに

第4章　高度化のための組織配置・機能権限設定　119

なる。こういった反対勢力を強権的なトップダウンの指示で抑え込むことができるようすることも，大きな理由の1つである。

(2)　スモールスタートによる成功体験の積み上げ

しかしながら，なんでも強権的に反発を抑えて推進してしまえばいいかといえばそうではない。無理やり言うことを聞かせることはその分不満も大きくなるため，経営危機で背に腹は代えられず一刻も早く成果が必要といった状況等でなければ，強権的な指示は可能な限り抑え，関係部門等が納得し，自発的に動く状況を作っていくことが望ましい。

では，どのように上記のような状態を作っていくかといえば"小さく始める"が定石となる。大きな成果を出したい気持ちはいったん抑え，一部の部門や商材カテゴリーでの取組みを関係部門に丁寧に説明しながら進める。実際に「コストが下がった」「業務が効率的になった」等，関係部門にメリットがあることを証明する成功体験を作り，社内に成果を発信しながら徐々に拡大していくことがポイントとなる。

また，いきなりルールや職務分掌などで形式的な縛りを設けることも反発を生みやすく，形骸化する可能性が高い。そのため，成功体験を積み上げる中で実質的に各所の役割やプロセスが整ってきた段階で整備することが，納得感を得られやすく，望ましい。スモールスタートする際の推進力は(1)の経営層がリードすることでカバーし，ルールや業務分掌はスモールスタート後に横展開・拡大をする際の拠り所として整備しておくイメージである。

こうすることで，取組みの初期から拡大期にかけて継続的な取組みとして定着させていくことができる。多少時間はかかるものの着実に事業子会社や現場の理解を得ながら進めていくことができ，名実ともに調達購買機能に統制力をつけることができるだろう。

(3)　要求部門と渡り合えるスキルの醸成

本章第2節で述べたようにどのような関与形態をとるか次第ではあるが，本社が主導もしくは要求部門と協働しながら最適な調達方法を検討する場合，特に専門性の高い商材は要求部門のほうが知識や交渉ノウハウを豊富に持ってい

ることが多いだろう。その場合，本社側でも相応のスキルを備えておかなけれ
ば要求部門に相手にされず，関与することができなくなってしまい，また関与
する意味もなくなってしまう。そのため，関与すべき商材を見極めた上で，当
該商材について本社のスキルレベルを把握し，要求部門とのギャップが大きい
ものについてはスキルの向上施策を併せて戦略的に練っておく必要がある。

　本社内で独自にスキルを高めていくこともちろん可能だが，時間がかかり
効率が悪いため，社内外からスキルを持った人材を補完することも検討すると
よいだろう。社内であれば要求部門側の人間を本社（調達機能側）に異動させ，
ミッションを事業運営から調達購買機能観点でのコストや品質の管理に切り替
えることで，早期に調達購買機能としてスキルを獲得できる。しかし，都合よ
く適当な人材を配置転換できない場合も多いことが予想される。その場合には，
社外の知見としてコンサルティング会社等を活用しノウハウを吸収していくこ
とも効果的である。スキルを持った人間を中途採用することも選択肢の１つで
あるが，コンサルティング会社と違い短期的な対応はできず，中長期的な取組
みに基づいた採用とすることが必要であるため，短期的な成果を求める場合に
は費用対効果は合わなくなる可能性が高いことに留意すべきだろう。

⑷　経営層や事業子会社の各要求部門と交渉できるキーマンの配置

　これまで見てきたように調達高度化の改革推進のためには，経営層に取組み
の意義を理解してもらうためのハイレベルな交渉もあれば，現場の反発も飲み
込んで協力を取り付ける泥臭い社内調整も担う必要がある。そのため，可能で
あれば双方に顔が利き，言いにくいことも言える人材や複数の関係者のハブに
なって改革を引っ張っていけるような人材をキーマンに据えることができると，
推進力は格段に変わってくる。

[図表 4 - 12] 調達購買部・経営層・要求部門が協働した調達購買活動

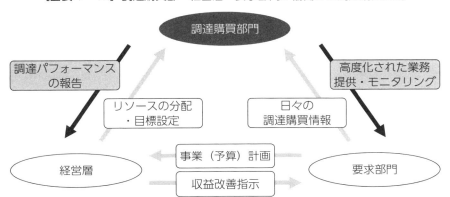

経営層と事業会社を含めた三位一体となった活動がなければ改革は成功しない

　以上が調達購買機能の高度化を目指して組織・機能を改革していくときの進め方のポイントとなる。繰り返しとなるが，組織・機能の改革では特に調達購買機能を担う部門だけの努力では成功しない。経営層も取組みの意義を理解し，全社としての方向性を示し，事業子会社の統制に動く必要がある。また，要求部門側も本社の調達購買機能による関与を受け入れ，全社の利益を優先した判断をするとともに，日々の調達購買業務を正しく行っていくよう協力しなければならず，三位一体となった推進が肝要である。

第5章

高度化に向けた スキル継承

第3章と第4章では，調達業務および調達組織の高度化について見てきた。最適な業務と組織設計を行った上で，その中身を埋めるのはヒトであり，スキル強化は，経営にとって必須アジェンダといえる。一方，多くの日本企業では，ベテラン人材の定年時期が数年後に差し迫っており，ベテラン人材が積み上げてきた貴重なスキルが半永久的に失われ，機能不全に陥る可能性に直面している。

　本章では，まずは足元のスキル喪失の危機をどのように乗り切るかについて解説し，その上で，高度化に向けた論点として，中長期的な事業展開を見据えたリソースプランニングと優秀な人材の獲得・維持について論じる。

　ベテラン人材の退職によるスキル喪失は喫緊の課題であるものの，足元の課題への対応に留まらず，中長期的な事業展開を踏まえて，未来志向で必要スキルの洗い出しと強化を図ることが，「高度化に向けたスキル継承」である。そのためには，人材への適切な動機付けも重要な要素となる。

第5章　高度化に向けたスキル継承　**125**

第1節 ┃ 日本の調達現場が抱える世代交代問題

(1)　PwCの「第27回世界CEO意識調査」の結果から窺えること

　PwCは2023年10月から11月にかけて，第27回世界CEO意識調査を実施し，世界105か国・地域の4,702名のCEO（うち日本のCEOは179名）から，世界経済の動向や，経営上のリスクとその対策などについての認識を調査した。

　「現在のビジネスのやり方を変えなかった場合，10年後に自社が経済的に存続できない」と考える日本のCEOは64％にのぼり，世界全体の45％，米国の23％と比較すると高く，自社の存続に強い危機感を抱いていることが調査結果よりわかった。

　さらに，自社の価値を創造，提供，獲得する方法を変えることを大きく阻害する要因として，日本では24％のCEOが「自社の従業員のスキル不足」を挙げている。世界全体の20％と比較して高く，事業存続の不安要素としてスキル不足の比重が高いことが窺える。

[図表5-1] PwCの「第27回世界CEO意識調査」より

事業の賞味期間

日本のCEOの64%は、現状の事業が、10年後には存続していないとの強い危機感がある

質問 貴社は現在のビジネスのやり方を変えなかった場合、経済的にどの程度の期間存続できるとお考えですか。

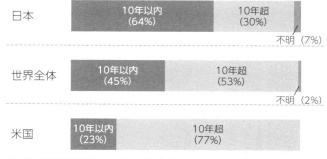

※小数点以下は四捨五入のため、合計が100にならない場合がある

改革に向けての阻害要因

日本のCEOの24%が、「自社の従業員のスキル不足」を改革を阻害する要因として挙げている

質問 以下の要因は、貴社が価値を創造、提供、獲得する方法を変えることを現時点でどの程度阻害していますか。

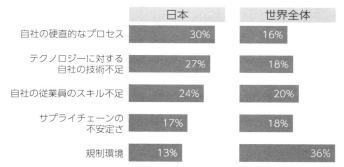

※日本において「大きく阻害している」および「極めて大きく阻害している」の回答が多かったうち、上位5つを表示

(2) 団塊ジュニア世代の引退

日本では、1971年から1974年に生まれた「団塊ジュニア世代」（第2次ベビーブーム世代とも呼ばれる）が、2024年には49歳から53歳を迎える。総人口に占める割合は団塊世代に次いで多く、2024年には約800万人となる見込みである。また、2024年には50歳以上の人口が、総人口の5割を超える。

労働力不足への対応として、定年後の再雇用措置を取る企業は一定数存在するものの、豊富な経験・知識を持ち、企業の管理職として重要なポジションを担う層の大半が、今後10数年以内に定年を迎えることとなる。

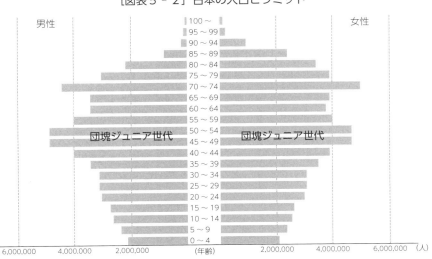

[図表5－2] 日本の人口ピラミッド

※総務省の「人口推計（2022年（令和4年）10月1日現在）」をもとにPwC作成

(3) 調達活動への影響・調達関係者が抱いている課題感

調達部門においても、団塊ジュニア世代をはじめとする豊富な経験・知識を持つベテラン人材が、主戦力として組織を支えている企業は多い。ベテラン人材は、長年の経験の中で、担当商材・サプライヤーに関する知識を蓄積し、業

務に必要なスキルを磨き上げ、調達活動のQCD向上・維持に日々貢献している。

しかしながら、先に見たとおり、スキル不足を事業存続の不安要素と見ている日本企業は多く、ベテラン人材から若手人材へのスキル継承が十分に行えていないことが窺える。

実際に、PwCコンサルティング合同会社 調達高度化チームが前年に実施したセミナーのアンケート結果でも、スキル継承を問題視する声が多く挙がっている。本セミナーは、2023年9～10月にかけて「サプライマネジメント改革セミナー」と題して、その重要性、従来の調達管理との違い、改革の要諦について、具体的な事例を交えながらご紹介した。約100名の方にセミナー視聴登録をいただき、その中で、社内のスキル継承の仕組み構築についても、事例を交えながらご紹介した。

セミナー後のアンケート結果からは、回答者の6割以上が、スキル継承を問題視していることがわかった。さらに、問題視していると回答した方のうち、十分な対策を打てていないという回答が約8割を占め、ほとんどの企業で対策を打てていないことが窺えた。

［図表5－3］PwCコンサルティング合同会社のサプライマネジメント改革セミナーのアンケート結果より

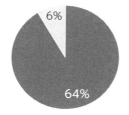

①調達部門のスキル継承
■ 問題視している
　 問題視していない

アンケート回答者のうち
約6割が問題視していると回答

※アンケートの有効回答数33名

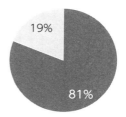

②調達部門のスキル継承の対策状況
■ 有効な対策を打てていないor
　 部分的には対策を打てているが十分ではない
　 十分な対策を打てている

問題視していると回答した方のうち
約8割が対策を打てていないと回答

※母数は①で「問題視している」と回答いただいた21名

筆者の感覚としても、スキル継承に関する相談は、ここ1～2年で急増している。

スキル継承が十分に行われず、後継者が育っていない場合、業務品質が担保できずトラブルが発生し、その対応に追われ、別のトラブルが発生する。対応が後手にまわり業務品質・効率が低下し、最悪の場合、若手の離職につながるという悪循環に陥ることが予想される。

[図表5-4] ベテラン人材の退職に伴って陥ると予想される悪循環

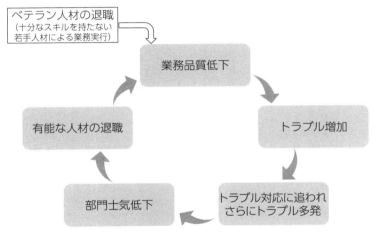

悪循環に陥ることが予想される

第2節 スキル継承を阻む壁

(1) 日本企業の調達現場でスキル継承が進まない背景

それでは、なぜ多くの日本企業がスキル継承を問題視していながら、有効な手を打てていないのか。ここでは、何がスキル継承を阻む壁となっているのかを考えてみたい。

まず背景として考えられるのは、日本企業は、暗黙知を形式知化するのが弱

い，ということである。現場レベルでの工夫や漸進的な改善活動には長けているものの，それを組織全体で実施するための体系化の力が乏しいとも言い換えられる。例えば，経営管理手法や品質管理手法としてよく挙げられるTOC（制約理論）やシックスシグマは，日本企業の現場で実践されていたトヨタ生産方式やQCサークルをベースとして，アメリカが理論として体系化したものである。体系立てて整理されておらず，言語化されていないものは，継承が難しく，若手人材としては，上司や先輩と現場をともにして背中を見て覚えるしかなくなってしまう。

　さらに，多くの日本企業において，調達は利益創出部門ではなく，コストセンターと位置付けられており，マーケティングや開発・設計，生産，物流，販売といった他のサプライチェーン機能に比べて，経営層のみならず現場社員も含めて，調達領域への関心が低い。先述した日本的特徴と相まって，調達領域では，広く一般的に通用するような体系立った理論やフレームワークが整備されていないといえる。

　また，企業の中で調達に対する関心度が低いため，新卒人材から見た認知度や人気度も他のサプライチェーン機能に比べて低く，結果的に有能な人材が入ってこない，といった状況になっているとも考えられる。実際，大手の就職情報・人材会社が公開している新卒における職種の人気ランキングでは，調達や購買といった職種が選択肢にすら入っていない。

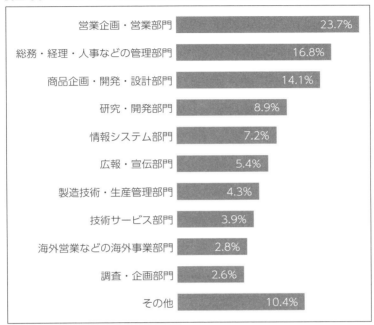

(2) グローバルの状況

　一方，欧米に目を向けてみると，調達購買に関する専門機関，大学での専門コース，国際的に通用する認証制度が存在しており，日本に比べて調達に対する関心が高いことが窺える。欧米企業ではCPO（Chief Procurement Officer）が置かれていることも一般的である一方，日本では，直接材であれば製造部門，間接材であれば総務や経理部門が兼任しているケースが多い。

第3節 | スキル継承の進め方

⑴ スキル継承の実施ステップ

スキル継承の実施は，①ベテラン人材の現状スキルの棚卸し，②将来的に必要となるスキルの定義，③スキルの型化，④システム化による定着化，の順序で進める。

各ステップの実行上のポイントは以下のとおりである。

---

① ベテラン人材の現状スキルの棚卸し

ベテラン人材の頭の中に眠る非構造情報を，効率よく漏れなく引き出すこと

② 将来的に必要となるスキルの定義

現状を単に維持するのではなく，未来志向で，事業戦略上求められるスキルを定義すること

③ スキルの型化

スキルを「アイデア・情報」「テンプレート」「手順」の3つの要素に分解して，それらを三位一体で体系化すること

④ システム化による定着化

システム実装により，①〜③で整理したものを確実に遂行できる環境を整え，組織内に定着させること

なお，本ステップを進めるにあたり，いきなりすべての調達業務，すべての調達拠点を対象とすると，対象範囲が広すぎて最後のステップまで辿り着かない，といった事態も起こりうる。第3章で調達業務，第4章で調達組織について解説したが，特に重要度・優先度の高い業務領域や組織・拠点に限定して，まずはトライアル的に取組みを始めるのも有効である。

以降では，詳細を順に解説していく。

[図表5-6] スキル継承の実施ステップ

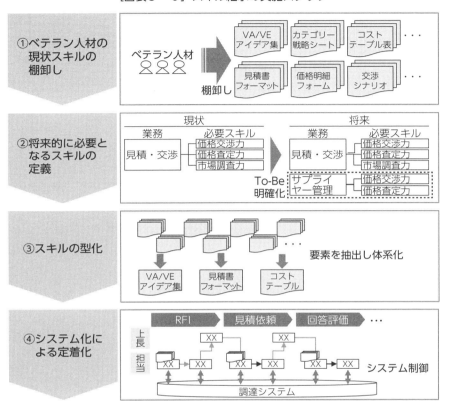

① ベテラン人材の現状スキルの棚卸し

　最初に，ベテラン人材が現状保有するスキルを棚卸しすることから始める。価格査定力・交渉力・新規サプライヤー開拓力など，調達業務遂行に必要な能力のベースとなる，アイデア・情報，テンプレート，手順を整理するのである。

　調達現場では，長年の経験の中でベテラン人材が工夫をこらして独自のテンプレートを開発していたり，有用な情報を収集していたりするケースが多い。例えば，価格査定力や原価企画力のベースとなる見積明細フォームやコストテーブル表，VA/VEのアイデア集，サプライヤー交渉力のベースとなる過去の交渉ネタ帳・交渉スクリプト集，新規サプライヤー開拓力のベースとなるサ

プライヤー市場マップなどである。

　他方，各ベテラン人材が保有する大量の非構造情報を引き出してくる作業は膨大な工数がかかる可能性がある。先に大まかに整理する項目や型を決めておき，必要箇所に絞ってベテラン人材から意見や情報を提供してもらう方法を取ることで，作業負荷を軽減できる。見積明細フォームの素案を準備し，各ベテラン人材に更新してもらう，VA/VEアイデア集の表を作成し，各ベテラン人材に中身を埋めてもらう，といった進め方である。

［図表 5 - 7 ］必要なスキル・知的資産は各人の頭の中・引き出しの中に眠っている

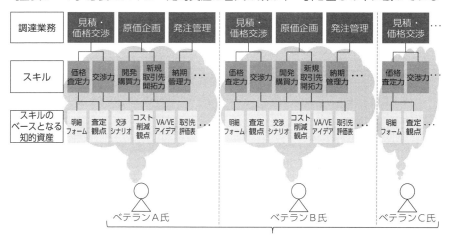

ベテラン人材が各々のやり方で業務実行
必要なスキル・知的資産は各人の頭の中・引き出しの中にしかない…

② 将来的に必要となるスキルの定義

　次のステップとして，保有するスキルの棚卸しを行った上で，今後必要となるスキルを定義する。現行の機能・業務を是としてスキル継承を進めるのではなく，中長期の事業展開を見据えて，現状および今後必要となるスキルを整理・強化することがポイントとなる。現時点で必要とされるスキルを維持することのみに注力して，新たに必要とされるスキルを見落としてしまうのは避けたい。未来志向で必要なスキルを定義することが，高度化の観点で極めて重要である。

第5章　高度化に向けたスキル継承　　135

　というのも，変化の激しい現代のビジネス環境下においては，事業環境変化や自社事業戦略の方向転換に伴って，調達に求められる機能・業務が数年内に変わる可能性は大いにあるからである。

　例えば，従来は発注や納期管理など手配業務を中心に担っていたが，サプライヤーとの戦略的な関係構築の重要度が高まりつつある中で，新たにSRM（Supplier Relationship Management）の機能を持たせる，といったようなケースは昨今多い。

　現状保有している機能・業務ありきで必要スキルの整理を進めた結果，事業戦略から求められることに対応し切れない，といった状況に陥らないように，自社調達の将来像を見据えてスキル定義を進めたい。

　特に，グローバルで事業展開しており，海外に生産拠点を持っている企業では，現地の調達機能を強化していくケースもあるだろう。各拠点に持たせる将来的な役割も整理しておくことが重要となる。

　また，一言で調達業務といっても，企画・管理系業務（調達戦略策定，調達方針・ガイドライン作成，調達予算管理など），ソーシング業務（サプライヤー・価格決定を行う業務），パーチェシング業務（発注・納期管理といった業務）のそれぞれで求められるスキルは異なる。

　特にソーシング業務はベテラン人材に頼りがちで，属人的に実施されていることが多い。サプライヤー交渉や原価企画業務は，ケースバイケースの対応が求められるが，次の③で述べるとおり，スキルの型化を進めることで，ベテラン人材でなくとも一定の業務品質を保てるようにしたい。

③　スキルの型化

　次は，他者に継承できるよう，ベテラン人材が保有するスキルから重要要素や共通事項を抽出し，体系化を進めるステップだが，その前段階として，前述②での整理をもとに，現状保有するスキルとのギャップを明確にする。現状足りないものは補充しなければならない。方法としては，当該スキルを持つ人材を新規採用する，現有人材をトレーニングして強化する，外部コンサルから一時的に支援を受けて整備する，といったことが考えられる。

　その上で，スキルの型化を進めていく。スキルには(a)「アイデア・情報」，

(b)「テンプレート」，(c)「手順」の3つの要素があり，その要素に従って型化の進め方は異なる。(a)「アイデア・情報」については，ベテラン人材の頭の中に眠っている情報を収集し，関係者が閲覧・活用できるように整理する。(b)「テンプレート」については，各ベテラン人材が開発してきた思考の枠組みを，組織内で利用できるよう統一する。(c)「手順」については，属人的な業務の進め方を標準フローに落とし込む。情報を収集・蓄積し，思考の枠組みを共通テンプレートに落とし込み，業務フローを標準化し，3要素を三位一体で体系化することがポイントとなる。

　以降，詳細について順に解説する。

(a)　アイデア・情報

　例えば，VA/VEネタ，コスト削減事例，既存サプライヤーの保有設備・技術情報，潜在的に有望なサプライヤーリストなどである。これらは，文書化されていないものも含めて，ベテラン人材の頭の中に眠っているものを聞き出した上で整理しておきたい。単に情報を収集して保管するのではなく，例えば，調達品カテゴリーごとに分類しておくなど，今後の使い勝手を考えて整理しておくとよい。

(b)　テンプレート

　例えば，サプライヤーから価格内訳を取得する際の見積明細フォーム，新規サプライヤーを採用する際の評価シート，既存サプライヤーの評価シートなどである。各担当が別々のテンプレートで運用していると，横並び比較・分析するにあたり前処理に多大な工数を要する，そもそも横並び比較・分析できない，といった事態になりかねない。そこで，あらかじめ共通フォーマット化しておきたい。とはいえ，必ずしも1つのテンプレートに統一しなければならないというわけではなく，例えば調達品カテゴリーごとに評価項目を決める，といった方法もある。各社の調達品目や取引サプライヤーの業態に応じて，どの単位で共通化するかは見極めが必要である。

第5章 高度化に向けたスキル継承　137

[図表5－8] スキルの型化の進め方3パターン

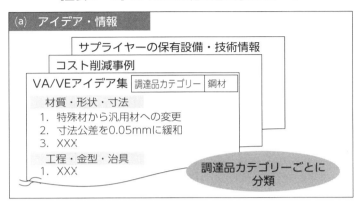

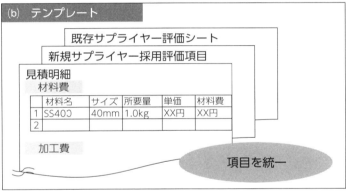

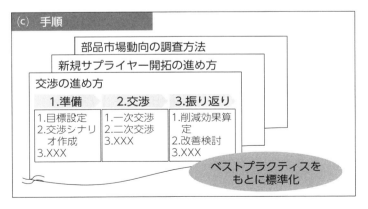

(c) 手　順

　例えば，交渉の進め方，新規サプライヤー開拓の進め方，部品市場動向の調査方法，価格査定時のチェック観点などである。これらは，ベテラン人材が，経験と勘で実行しており，言語化されていないケースが多い。ベテラン人材が日頃どのように業務を進めているかを丁寧に聞き出して，業務フロー，手順書，着眼点のチェックリストなどを作成する。その際には，複数のやり方の中からベストプラクティスを抽出して，標準化しておくことが重要である。

④　システム化による定着化

　ここでは，スキルの型化を進めた上で，確実に実行できるよう，システム実装により定着化を図ることについて述べる。ただし，システム化といっても，必ずしも大規模なシステムの導入が必須なわけではなく，昨今登場しているライトなSaaSの活用も視野に入れるべきである点についても解説する。

　③で解説したアイデア・情報，テンプレート，手順などを苦労して整理したものの，使用が義務付けられていないと，次第に使われなくなるといったケースはしばしば見受けられる。最初は部門内で呼びかけて意気込んで使用していたものの，気が付くと，みなそれぞれのやり方で独自に業務実行しているというパターンである。そういった事態に陥るのを防ぐにあたって必要となるのが，システム化による制御である。

[図表5-9] システム化による制御

<システム化していない場合>

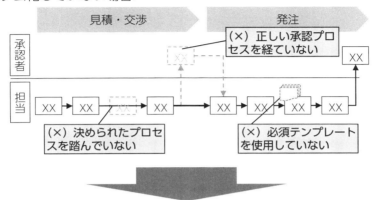

<システム化による制御後>

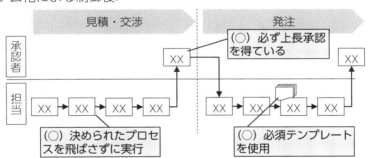

　しかしながら，システム化の実現には，システム選定，要件定義，設計・構築，テスト，ユーザートレーニング，データ投入などリリース準備で，数か月から年単位の期間を要する。当然，イニシャルコストも嵩み，社内承認を得るのも一苦労だろう。さらに，カスタマイズによる複雑化で，システムローンチ後に調達部門の現場メンバーが使いこなすまでは一定の習熟期間が必要となるケースも多い。

　こういったシステム化のハードルを乗り越える上でのポイントが，「ライトなSaaSの活用」である。昨今では，導入期間を短縮でき，イニシャル・ランニングコストも抑えられ，シンプルでわかりやすいUI設計のSaaSが登場して

いる。機能は限定的だが，システムの標準機能に業務を合わせる視点を持って必要機能のみに絞ることで，システム化の費用対効果をアップさせられるだろう。システム化には，ライトなSaaSを選択肢に加えて検討することも1つの手である。

[図表5-10] システム化のハードルを乗り越えるSaaS活用

	ライトなSaaS		調達システム	
導入期間	短	数週間で導入できるものもある	長	通常，半年以上
コスト	安	イニシャル：0円のものもある ランニング：数百万円/月〜	高	イニシャル：通常，数千万円〜 ランニング： 通常，数千万円/月〜
操作性	易	シンプルなUIで直感的に操作可能	難	現場が使いこなすまでには一定の習熟期間を要する

　ここまでスキル継承のための実施ステップとして①〜④を解説してきた。各ステップでのポイントを押さえながら進めることで，現状を単に焼き直すだけでなく，未来志向で，経営貢献につながる調達機能・業務に求められるスキルの継承が可能となる。

(2) グループ会社におけるスキル強化

　傘下に複数のグループ会社を有する企業においては，グループ会社における調達スキル強化も，本社同様に重要である。グループ会社においては，本社ほど人材リソースに余裕がない場合や，そもそも調達部門が存在せずに生産部門メンバーが兼務で調達業務を行っている場合も多く，人材・スキル面での手当てが本社よりも急務であるケースが多い。グループ連結で見た場合，グループ会社の機能欠如は，結局は本社にダメージをもたらすこととなる。本社に留まらず，グループ全体で競争力を上げていくことを目指して，調達スキル強化を図ることをお薦めする。

　グループ会社人材のスキル強化の一例として，本社人材のスキル強化を図り，

スキルが向上した一部の本社人材をグループ会社に送り込み，一定期間，グループ会社人材を伴走指導することでスキル強化に成功した企業も存在する。グループ会社のスキル強化を進める上での参考にしていただければと考える。

[図表5－11] グループ会社人材のスキル強化（進め方の一例）

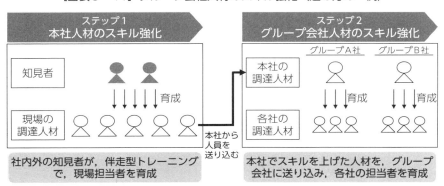

第4節 取組み事例：ベテラン人材への依存からの脱却

本節では，スキル継承において，当社がご支援させていただいたクライアント企業の事例を紹介する。なお，個社が特定できるような情報はマスキングしているため，汎用的な内容になっている点はご了承いただきたい。

(1) 製造業A社の状況

製造業A社は多岐にわたる材・サービスを調達している。調達部門では，材・サービスやサプライヤーに関する豊富な知識を持ち，社内関係部門やサプライヤーと密な関係を築いている数人のベテラン人材が現場をリードしていた。

体系的なトレーニングや育成の仕組みはなく，若手人材は，日々の業務の中で，時間をかけて「ベテランの背中を見てスキル習得する」という状態にあった。

(2) 時代の変化とともに顕在化した問題

ベテラン人材の経験と勘に依存する形で調達業務を回していたものの，ベテラン人材の多くは50～60代に差しかかり，定年退職，もしくは数年後に定年を控えていた。また，他の多くの企業と同様に，バブル崩壊後に業績悪化のあおりを受けて正社員採用を絞っていたため，ベテラン人材の次の層として期待される中堅層は全社的にも不足していた。中堅メンバーが，調達部門から他部門へ異動になるケースもあり，調達部門は従来よりも少ない人員で業務を回さなければならない状況に置かれていた。

調達部門全体の人員が縮小する中，若手人材は，上司・先輩の十分なサポートがない中で業務を遂行しなければならず，対応漏れ・ミスが発生し始めた。また，従来は，ベテラン人材が他拠点の調達部門とも密にコミュニケーションを取って，調達全体として横串連携できていたが，仕組みではなく個人に依存していたため，定年退職や異動に伴い，連携についても問題が出始めた。

[図表5-12] 異動・退職による部門の人員構成変化

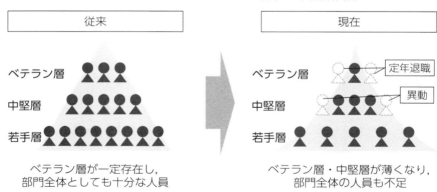

(3) 短期間での業務設計・スキル継承の仕組み構築

このような状況下，プロジェクトがスタートした。状況打開に向けて，①取組みスコープの特定，②業務と求められるスキルの整理，③システム化，④調

達部門内の役割分担見直し，という順序で進めた。

①　取組みスコープの特定

すでに起きている問題に短期間で対処すべく，本取組みのスコープは，サプライヤー選定を主とするソーシング業務に絞ることとなった。その理由は，発注や納期管理に関するトラブルの多くが，適切なサプライヤーを選定できていないことに起因するケースが多いためである。発注や納期管理の問題を根本的に解決するには，上流工程での対策が必要である。

②　業務と求められるスキルの整理

取組みスコープを定めた上で，ベテラン人材がどのようにサプライヤー選定業務を行っているか，注意すべきポイントは何か，活用しているツールなどは何があるか，といったヒアリングを実施した。複数人から収集した情報を踏まえながら，あるべきサプライヤー選定業務を設計した。その上で，業務実行に必要となるスキルを明確にし，スキルのもととなるアイデア集やテンプレートなどは，ベテラン人材が独自に作り上げて活用していたものをベースとして，部門全体で共通使用できるよう，標準化を進めた。

③　システム化

あるべき業務を設計し，必要ツールを整備した上で，それらが確実に実行・使用されなければ問題解決にはつながらないため，A社ではシステム化に踏み切った。本章はシステム化の進め方に焦点を当てているわけではないため，詳細は割愛させていただくが，A社では，経営トップから結果を出すまでの期限が明確に示されていたため，ITベンダー選定にあたっては，導入までのスピードを重視した。必要機能を有し予算内に収まるシステムの中で，導入までの準備期間が最も短いITベンダーのシステムが選ばれた。

④　調達部門内の役割分担見直し

システム化準備と並行して調達部門内の役割分担も見直した。従来は，1人の担当者が，ソーシング業務からパーチェシング業務まで一貫して担当してい

た。そのため，緊急度の高い日々の納期トラブル対応に追われ，ソーシング業務が後回しになりがちであった。トラブルが多発する中，新規サプライヤー開拓や相見積りの取得・評価，ベストなサプライヤーの選定を進めることは極めて難しい。一方，ソーシング業務を確実に行うことが，発注・納期段階のトラブル防止に必須であるため，ソーシング業務とパーチェシング業務の担当を分け，ソーシング業務を専任で遂行できる体制を整えることとした。

　当社が支援した範囲としては，スキル継承の仕組みを構築するところまでであり，新たな業務や体制に基づいたスキル継承は，A社で実行中の段階にあるが，短期間で仕組み構築を実現できた理由を次項でご紹介する。

⑷　短期間でスキル継承の仕組み構築を実現できた理由

　本取組みの成功要因としては，①トップダウンでの危機感の醸成，②タスクフォースの結成，③範囲を限定したシステム化の3つが挙げられる。以降，順に解説する。

①　トップダウンでの危機感の醸成

　今回A社においては，経営トップと調達部門トップが，スキル継承を自社経営に重大な影響を及ぼす喫緊の課題として認識し，調達部門メンバーの危機感を醸成して，早急に解決にあたる必要性を発信した。この手の取組みは，草の根的なボトムアップ活動として現場主導で進めると，なかなか周囲の理解や協力が得られずに途中で頓挫するケースも多い。A社では，トップマネジメント陣が，危機感を醸成し，トップダウンで取組みを推進したことが功を奏したといえる。

②　タスクフォースの結成

　成功要因の2つ目として挙げられるのが，本取組みに専念するチームを結成し，期間限定のプロジェクトとして推進したことである。通常業務の傍らで新たな活動を実施しようとすると，目の前の緊急度の高いタスクが優先となってしまいがちである。期間を決めて，その期間は本業と切り離して，集中的に活

第5章　高度化に向けたスキル継承　　145

動推進することも有効である。現場レベルでタスクの割り振りを変えるのは難しく，トップダウンでアサインするメンバーを決め，当該メンバーは一定期間プロジェクトに集中できるような環境を整えることが必須となる。

③　範囲を限定したシステム化

　前述のとおり，調達業務は大きく，ソーシングとパーチェシングに分けられる。今回Ａ社では，システム化の範囲をソーシング領域に限定して進めた。ソーシングとパーチェシングを一気にシステム化するとなると，多大な工数・時間がかかり，投資額も莫大にかかる。また，ソーシング領域の中でも，必須の要件に絞って「システムに業務を合わせる」方針で，必要最小限の機能を備えたライトなシステムを導入した。個社要件に合わせたカスタマイズは極力減らし，導入期間・コストとも抑えることができた。

　システム化にあたっては，自社の個別要件に合わせて，あれもこれもと追加機能を付加したくなりがちであるが，費用対効果の視点を持ち，効果が低い機能は潔く諦めることも重要である。

[図表5－13]　短期間でスキル継承の仕組み構築を実現できた理由

❶ トップダウンでの危機感の醸成	経営トップおよび調達部門トップが号令をかけて，トップダウンで本取組みをスタート
❷ タスクフォースの結成	本取組みに専念するチームを結成し，期間限定のプロジェクトとして推進
❸ 範囲を限定したシステム化	まずは，範囲をソーシング領域に限定してシステム化

(5)　さらなる効果創出に向けて

　Ａ社の取組みは以上であるが，調達部門が経営にさらなる貢献をもたらすた

めに今後必要となる取組みについて2点述べておきたい。

①　上流工程への関与

　ソーシング領域にシステムを導入することで，価格明細データ，サプライヤーとの交渉経緯・結果，VA/VEアイデアといった情報を蓄積できるようになる。調達部門が上流の設計・開発段階から関与しコストを作り込んでいく，いわゆる開発購買を行うためには，こういった情報が必須であり，今後，これらの情報を活用して開発購買を進めていくことも重要といえる。

②　他拠点への展開

　短期間で成果を出すために，まず対象を本社調達部門に限定するケースが多いが，今後，成果を他拠点の調達部門へ横展開していくことも必要である。
　拠点調達部門への横展開により得られる効果としては，次の3つが挙げられる。
　まず1つ目として，本社で整理・定義した業務の進め方・テンプレートを導入することで，全社で業務品質を一定に保てるということ。
　2つ目として，ソーシングに係るデータを全社で蓄積・一元管理できること。データを利活用する上では，同じ粒度・項目でデータが構造化されていることが望ましい。
　3つ目として，本社・拠点で実行している業務や保有するスキル・知的資産が可視化され，全社レベルでの役割分担最適化に向けた検討ができること。従来は拠点で実行していたが本社へ集約すべき業務，もしくはその逆パターンもあるだろう。そういった分担最適化を検討するためには，可視化が必須となる。

第5節 ┃ 高度化に向けた論点

　ここまで，日本企業が目下直面しているスキル喪失の問題をどのように乗り切るかについて見てきた。まずは現有のスキルを継承することで，マイナスの状態をゼロにすることを目指した上で，本章の最後では，高度化に向けた論点として，(1)中長期的な事業展開を見据えたリソースプランニング，(2)優秀な人

材の獲得・維持について考えてみたい。

(1) 中長期的な事業展開を見据えたリソースプランニング

本章の第3節でも軽く触れたが，現行の調達業務を是として考えるのではなく，中長期のマーケット変化および自社事業展開を見据えて，重要となるエリア・拠点に適切な人材を配置することが極めて重要である。当然ながら企業の人材リソースには限りがあり，限りあるリソースをどう戦略的に配置し成果を出すかといった視点は，企業価値向上に向けて欠かせない。

具体的な進め方としては，自社の中期事業戦略をもとに，将来的に各エリア・拠点で調達実行する品目カテゴリーや，実施業務内容・業務量を整理し，求められる人材の質・量を算定する。その上で，(2)で後述するが，各個人のスキル管理に基づいて，誰をどこに配置するかを全体最適視点で検討することがポイントである。

(2) 優秀な人材の獲得・維持

現有のスキルを継承した上で，さらにその先を目指すには，優秀な人材を引きつけ，未来を担う調達リーダーを育成することが必須である。そのために，①必要な人材のスキル要件を明確にした上で採用・配置し，②OJT・Off-JTの双方から育成し，③結果に対して適切に評価・報酬を与え，④各個人のスキルを適切に管理すること，が必要である。以降，順に見ていく。

① 採用・配置

昨今では，メンバーシップ型からジョブ型の採用に移行する日本企業も見られるが，将来的に必要なスキルと照らし合わせて不足部分を補うにあたり，スキルベース採用を取り入れることも即戦力を得る手段の1つである。

なお，ジョブ型とスキルベース採用は，いずれも学歴や職歴だけでなく，業務に必要な適性や能力をもとに採用する点では似ているが，ジョブ型はジョブディスクリプションで職務内容を定義し，職務内容や役割に対して雇用契約を結ぶことを前提とした雇用システムを指すのに対し，スキルベース採用は人材のスキルを重視した採用方法を指す。

加えて，さらなるスキルアップやモチベーション向上を促すために，本ポジションで経験を積むことで，どのようにスキル強化・ステップアップできるかといったキャリアパスを示した上で，採用した人材を配置することも重要だろう。

②　育　成

採用した人材が活躍できるように学びの機会を提供することも重要である。OJTでの育成は当然ながら，資格取得に向けた金銭的補助やe-Learningなど外部コンテンツの導入・活用なども検討するとよいだろう。

③　評価・報酬

さらに，もたらした結果だけでなく，結果に至るプロセスも踏まえて適切に評価し，報いることも重要である。他方，評価・報酬制度に関しては，全社の人事施策との兼ね合いもあり，調達部門だけで独自の制度を導入するのはハードルが高いと考えられるため，例えば，優れたパフォーマンスを発揮した人材を表彰する，といった非金銭的報酬を導入することも1つの手である。

④　各個人のスキル管理

最後のステップとして重要となるのが，個人単位でのスキル管理である。いつまでにどのようなスキルを獲得するか各人の目標を定め，進捗を管理し，必要に応じてフォローアップを行う。これを進めるには，組織としての目的や意義を各個人に理解させること，また，各個人の特性や要望を組織が理解すること，の双方の視点が必要である。

具体的には，前者は，組織目標と各個人のスキルを紐付けることで，自身のスキル向上がどのように組織に貢献するのか，を明示する。第2章で，調達の経営貢献を図る指標として調達ROIについて解説したが，調達部門全体の貢献だけでなく，個人単位の貢献を測るといったことも必要であろう。

後者については，各個人の強み・弱みやキャリア志向を上長がしっかりと理解し，本人と対話しながら各個人に沿ったスキル向上プランを立てることが必要である。

さらに，こうした各個人のスキルを整理・可視化しておくことで，(1)の中長期的な事業展開を見据えたリソースプランニングで述べたとおり，どのエリア・拠点にどういったスキルを持った調達人材がいるかがわかるので，ビジネスの状況に応じて人材の配置転換を検討する際にも有効である。

調達に関するスキルのみならず，マインドセット・行動様式，ビジネススキル，その他の専門スキルなどを加えて管理するのも有効であろう。

[図表５－14] 人材リテンションに向けて

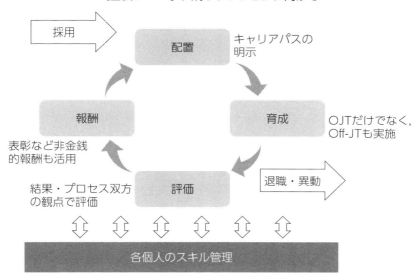

(3) 企業はヒトで成り立っている

本章では，日本の調達現場が抱える喫緊の課題としてベテラン人材のスキル継承，およびさらなる高度化を目指す上での論点について紹介した。

つまるところ，企業はヒトの集合体である。どれだけ使い勝手のよいシステムやツールを導入したとしても，それを使いこなし，企業を成長させられるかどうかはヒトにかかっている。

日本企業は，グローバル企業に比べて人材投資が少ないといわれているが，

企業成長の原動力となる人材に中長期視点で投資していきたい。

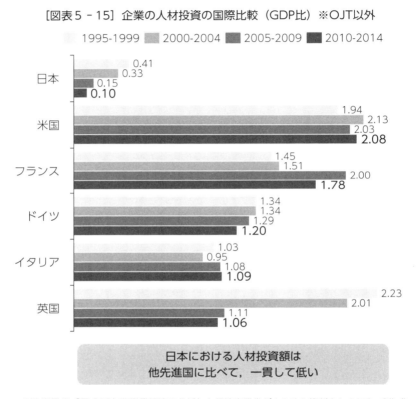

[図表5-15] 企業の人材投資の国際比較（GDP比） ※OJT以外

日本における人材投資額は
他先進国に比べて，一貫して低い

※厚生労働省「平成30年版労働経済の分析」を経済産業省がまとめた資料をもとにPwC作成

第6章

高度化のための
調達データの活用

第2章では，経営と調達をつなぐ調達パフォーマンスの共通言語としての調達ROIを紹介した。調達ROIおよび調達パフォーマンスのヒートマップにより，調達パフォーマンスの向上を阻害するボトルネックの特定が容易になることはおわかりいただけただろう。

本章では，ボトルネックを解消するための調達戦略の検討に際して，分析業務の重要性を示し，煩わしい分析業務を効率化し，効果的にデータを活用するための方法や考え方について事例を交えて紹介する。

世の中では「データドリブン」がバズワード的に広がり，調達データを可視化するツールを導入する企業も増えている。しかし，そのツールを使いこなせず，活用されなくなる残念なケースも多い。では，調達組織がツール導入に留まらず，データドリブンを成功させるためには，どのようなポイントを意識すべきかについても答えたい。

第1節 調達ヒートマップで特定されたボトルネックへの対応

　第2章では，調達ヒートマップでボトルネックを特定した後，次のステップとして，改善活動の優先順位を検討する必要があることを述べた。では，改善活動の優先順位を検討するためには，何をすべきだろうか？

　活動の優先順位を検討するためには，ボトルネックを解消する策，いわゆる調達戦略を立案し，その戦略を実行する際の難易度や想定効果を踏まえる必要があるだろう。しかし，ボトルネックを解消する調達戦略を立案するためには，ボトルネックが生じている原因を追究しなければならない。ボトルネックの真の原因を追究するためには，調達ヒートマップを入り口としてボトルネックを深く掘り下げる「分析」が重要なプロセスとなる。これが調達課題解決への鍵となる。

　図表6-1に調達パフォーマンス改善の分析業務に関する全体像を示す。この図は上から下へ分析を進め，ボトルネックを深く掘り下げていくことで，真の原因を追究していくための分析業務の視点とステップである。

[図表6-1] 調達パフォーマンス改善の視点とステップ

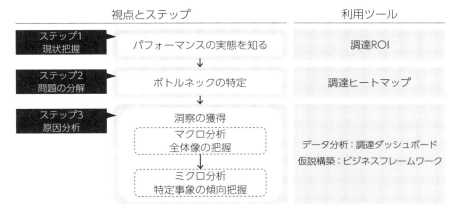

図表6－1の大まかな流れを説明しよう。まずはステップ１の現状把握にて，調達ROIで現状の調達パフォーマンスを把握する。ステップ２の問題の分解で，調達ヒートマップを活用して，調達パフォーマンスを向上させる上でのボトルネックを特定する。その後，ステップ３の原因分析にて，ボトルネックをマクロ視点からミクロ視点に掘り下げて原因を洗い出し課題解決策を立てるという流れが，調達パフォーマンス改善における視点とステップとなる。

ステップ３の原因分析の利用ツールとして示している調達ダッシュボードと調達課題解決のビジネスフレームワークについては，本章の第２節と第３節にて詳しく紹介する。また，本節以降では，この原因分析に関する業務に焦点を当て，その方法論や留意点について述べていく。

| 第２節 | データ分析の手順とテクノロジーの活用による効率化 |

調達パフォーマンスの最大化に向けては，パフォーマンスを阻害するボトルネックを深く掘り下げる「分析」がとても重要なプロセスであることは，理解いただけただろう。

例えば，読者の方々が上司から「調達パフォーマンスの向上に取り組むぞ。まずはデータを分析せよ」と指示を受けた場合，どのように分析を進めるだろうか？　手元にあるデータをやみくもに分析しても，ボトルネックを解消するための有効な洞察は得られないだろう。

では，データ分析はどのような手順で進めればよいのだろうか。本節では，その疑問に対する我々の考えを述べるとともに，データ分析を効率的に進める上でのいくつかのポイントについて説明していく。

(1)　データ分析の目的と目標を設定する

①　明確な分析の目的と目標が，成功する分析業務の始まり

データ分析は「データ集め」から始めがちだが，目的が不明瞭だと大量のデータを集めても方向性が定まらず，分析業務は迷走してしまうだろう。図表6－2で示すように，「データ分析で何をしたいのか」という目的を設定する

第6章　高度化のための調達データの活用　155

ことから始めるべきである。調達であれば「コスト削減」「取引リスクの抑制」など，まず分析の目的を示し，方向性を明らかにする必要がある。

[図表6 – 2] データ分析の目的が不明確な時と明確な時

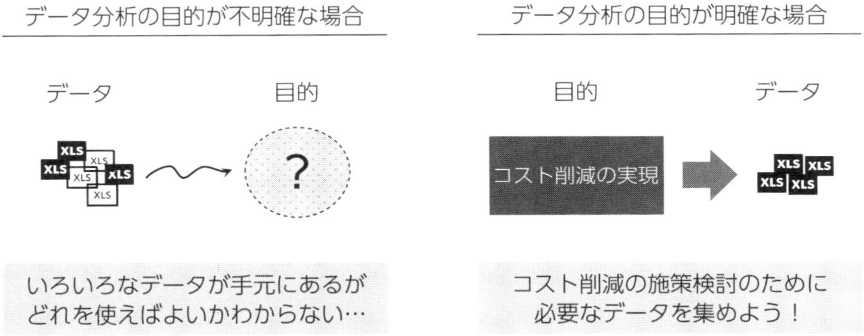

データ分析の目的が不明確な場合

データ　　　　　　　　目的

いろいろなデータが手元にあるが
どれを使えばよいかわからない…

データ分析の目的が明確な場合

目的　　　　　　　　　データ

コスト削減の実現

コスト削減の施策検討のために
必要なデータを集めよう！

　また，目標を立てることも重要である。例えば，データ分析の目的がコスト削減の場合，コストを何割削減したいのか，どのくらいの期間で達成したいのかという目標が曖昧だと，担当者間でデータの活用方法がばらばらになってしまう懸念が生じる。ある担当者は自身が担当する商材のみを分析し，別の担当者は人件費など支出規模が大きいがコスト削減が難しいものを分析するなど，方向性が一致しない。

　このように，データ分析の目的や目標が曖昧だと，メンバー間で分析結果の解釈やデータ活用の方向がばらばらになりコミュニケーションが難しくなり，組織全体の生産性や意思決定スピードを低下させる原因になりかねない。

　つまり，分析の目的と目標を明確にすることをデータ分析の開始と位置付けることは，データ分析を効率的に進める上で，非常に重要な最初のステップだといえる。

② 　データ分析に取り組む前に，分析の目的と目標をチームで徹底的に議論

　データ分析を指示する際は，「とりあえずデータ分析をしろ」ではなく，「データ分析によって何を成し遂げたいのか」という目的と目標を組織内で徹底的に議論し，共通認識化してから業務を開始すべきであろう。

(2) データ分析における業務の流れを理解する

① 前工程の「データの前処理」と後工程の「データ分析」で業務を構成

図表6 - 3はデータ分析の業務の流れを示す。データ分析の目的，目標の設定以降の業務は大きく，前工程の「データの前処理」と後工程の「データの分析」の2つの工程から構成される。

前工程の「データの前処理」とは，支出データや発注元のマスターデータなど分析に必要なデータの収集，不必要なデータの除去，データの統合・加工・集計，そしてデータを分析しやすい形に整えて可視化する作業全般を指す。後工程の「データの分析」とは，その可視化されたデータから，調達課題を解決する戦略を立案するための洞察を得る作業を指す。「データの分析」に関する事例については本章第4節で詳しく紹介したい。

[図表6 - 3] データ分析業務の流れ

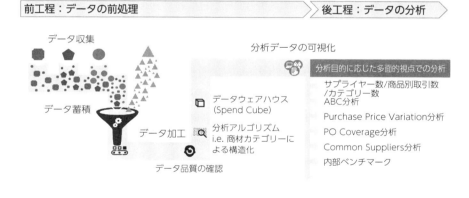

(3) データの前処理工程で陥りやすい罠を理解し回避する

① データ分析で陥りがちな罠・データとの格闘

データ分析の目的を設定し，流れも理解した。さあ，いざデータ分析に取りかかろうとしたものの，「データがあちこちに点在している」「形式が揃っていない」「データをまとめたり表やグラフを作成したりするのに時間がかかりす

ぎる」など，前処理の段階で足踏みするのは，多くの企業に見られる課題であり，データ分析開始時の罠だと感じる。分析担当者は，これらの課題を克服するため，あらゆるところからデータを収集し，分析用に加工するなど，分析開始前から「データと格闘」する状態に陥りがちではないだろうか。

[図表6-4] データの前処理段階でよくある課題

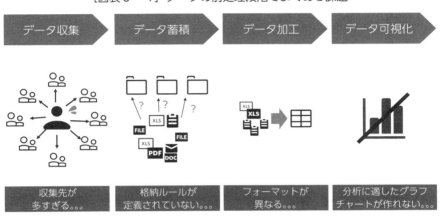

データの前処理については，その作業自体の付加価値は低いとみなされることから，分析担当者は前処理の作業に十分な時間をかけられず，その結果，中途半端にデータの前処理を終えるケースがある。そのような状態で作られた分析用データは，不完全，不正確，不十分であり，データ自体の信頼性が低いことから有効な洞察につながらないだろう。また，データの前処理にかかる時間が長引くほど費用対効果に見合わず，分析自体を諦めるといった残念な結果になりかねない。

では，そのようなネガティブな結果を回避し，効率的にデータの前処理を進めるにはどうすればよいのだろうか。PwCコンサルティング合同会社　調達高度化チームでは，データ分析の前処理に係る作業時間の大幅な短縮とデータの信頼性向上のために，デジタルツールを使って構築された情報分析基盤の活用を推奨している。

② データの前処理業務を効率化する情報分析基盤

情報分析基盤は，企業が持つ膨大な調達関連データを活用し，調達課題を解決する戦略を導くために必要不可欠である。図表6-5は，情報分析基盤を構成する4つ要素を示している。

[図表6-5] 情報分析基盤（収集，蓄積，加工，可視化）

データ収集	データ蓄積	データ加工	データ可視化
発注・支払，その他マスターデータなどの収集	収集した生データの蓄積	生データを分析の目的に応じて加工	BIツール(※)で加工データをグラフ，チャートにして視覚化

※BIツール＝Business Intelligence Tool

調達組織が効率的，効果的な調達戦略を立案するのに，情報分析基盤を構築するメリットは主に2つ挙げられる。

1点目はデータの前処理に伴う作業の自動化である。情報分析基盤は，データの収集，蓄積，加工，可視化の4つのステップを一貫して行うことができるため，一定の作業を自動化し，膨大なデータ量であっても素早く分析することが可能となる。そのため，情報分析基盤を構築することで，従来のデータ分析でよくある複雑な集計作業，加工作業，グラフ作成作業など，手間と負担のかかる作業からデータ分析担当者を解放することができるだろう。

2点目はデータ品質の向上だ。情報分析基盤は，企業の蓄積され続ける膨大かつ様々なデータを基盤上で一元管理し，常に決められたロジックで分析に必要なデータを加工することができるため，データ品質を一定に維持し，データ分析の精度を高めることが可能となる。そのため，情報分析基盤を構築することで，手作業で起こりやすい数値の入力ミスや誤った計算ロジックの反映などの，ヒューマンエラーによるデータ品質の低下を防止することができるだろう。

第6章　高度化のための調達データの活用　159

　このように，データの前処理に関連する作業上の手間や手作業でデータ品質
に起こる問題など，データの前処理の段階で陥りやすい罠を回避するためには，
テクノロジーを活用して構築された情報分析基盤が非常に有効な解決策である
点を，ここでは強調しておきたい。

⑷　データの分析工程でデータを深掘り分析して戦略的示唆を導出

①　分析データを1画面で表示できる調達ダッシュボード

　図表6-5で示したとおり，情報分析基盤は，「BIツール（Business
Intelligence Tool：ビジネスインテリジェンスツール）」を利用して，分析用
に集計されたデータを自動的に表やグラフの形式で視覚的にわかりやすく可視
化することができる。また，BIツールには，可視化されたデータを1画面に
まとめて一覧で表示するダッシュボード機能が備わっていることから，データ
分析担当者はこの機能を活用することで，各データを参照する手間を省き，集
計されたデータに潜む規則性や傾向を直感的に把握することが可能になる。

　図表6-6は，BIツールを活用して，過去3年間の支出データを様々な角
度から可視化した調達ダッシュボードのイメージ図である。過去3年間の支出
の概要，年度別や月別の支出，商材別の支出が1か所に表示されていることか
ら，自社の支出の全体像と過去3年間の支出の増減に関する傾向を把握するの
に役立つ。実際，図表6-6からは，この企業の支出が毎年増加傾向にあるこ
とと，「専門サービス」の支出がこの2年間で大きく増加していることを確認
することができる。

[図表6-6] 調達ダッシュボード―支出分析の全体像

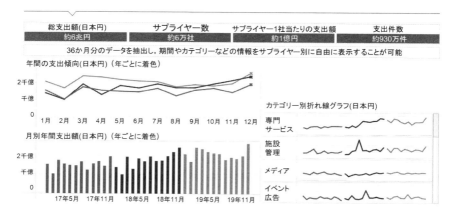

　図表6-6のようにBIツールで構築された調達ダッシュボードは，表示期間を更新すれば表示されるデータも一括で更新され，特定の商材に関するデータが気になれば，そのままクリックすることで，その商材のサプライヤー構造や発注部門別の支出などの内訳を掘り下げて分析することができる。
　図表6-7は，図表6-6の調達ダッシュボードから「サプライヤー数」に着目して，自社のサプライヤー構造について深掘りしたダッシュボードのイメージ図である。支出の累計構成比をA～Eの5段階に分類し，そのサプライヤー数を棒グラフで表したパレート図と，サプライヤー単位の支出額が降順で表された一覧が表示され，支出の金額規模から優先して管理すべきサプライヤーと効率的に管理すべきサプライヤーの方向性を検討するのに役立つ。

第6章　高度化のための調達データの活用　　161

[図表6-7] 調達ダッシュボード―過去3年間のサプライヤー構造

サプライヤー構造分析:
"取引の全体像を知る" 「サプライヤ管理」の方策に役立てる

総支出額(日本円)	サプライヤー数	サプライヤー1社当たりの支出額	支出件数
約6兆円	約6万社	約1億円	約930万件

サプライヤー構造分析を通じて，取引の全体像を把握し，サプライヤー管理の方向性を検討する

ABC分析
以下のウォーターフォールチャートは，総支出の各割合を構成するサプライヤーの数を示す。

総支出額の5%は，総サプライヤー数の95%が占める

総支出額の95%は，総サプライヤー一数の5%が占める

総支出額に対する累積構成比

サプライヤー別支出額詳細

サプライヤー名称	請求書金額 (日本円)	総額に対する 請求書金額割合	件数
Supplier38	7,707億	12.39%	81,639
Supplier39	3,860億	6.17%	1,094,912
Supplier40	2,948億	4.69%	533,648
Supplier41	2,746億	4.35%	235,762
Supplier42	2,625億	4.13%	562,839
Supplier43	2,511億	3.94%	298,057
Supplier44	2,522億	3.93%	446,278
Supplier45	2,462億	3.82%	265,404
Supplier46	2,303億	3.56%	514,771
Supplier47	2,296億	3.53%	163,523

　図表6-7からは，この企業の全支出額の95％は全サプライヤー数のわずか5％で占められていて，全支出の5％が全サプライヤーの95％で占められていることを把握できる。このサプライヤーに対する支出額の傾向から，調達担当者は支出額上位5％のサプライヤーは優先管理対象とするとともに，コスト適正化のための調達戦略を検討する必要があるかもしれない。また，残りの95％のサプライヤーについては，サプライヤー管理の効率化を検討すべきだろうし，その戦略として取引先の集約が考えられるかもしれない。

　もちろん，戦略の決定においては，サプライヤーとの関係性やサプライヤーから提供されている商品やサービスの代替性など，様々な要素を考慮する必要があるため，図表6-6，図表6-7のダッシュボード以外からも洞察を得るべきだが，少なくともこの2つのダッシュボードの例からも，調達ダッシュボードが調達課題の解決に役立つ戦略的示唆の導出に非常に役立つことをご理解いただけたのではないだろうか。

② マクロとミクロの両方の視点を考慮してデータ分析することが重要
　図表6-6と図表6-7の例では，マクロ視点のダッシュボードから大きな

トレンドや傾向を確認し，マクロ視点で確認された事象を1段階掘り下げて，ミクロ視点で特定のデータポイントに焦点を当てた分析により，調達戦略につながる洞察を獲得するまでの一連の流れを説明した。

このように，マクロ視点による全体像の理解とミクロ視点で得られる詳細な洞察を組み合わせて戦略的示唆を導出する分析様式は，分析結果に対する説得力と信頼性を高める上で非常に重要なポイントであることをここでは強調しておきたい。

③　BIツールを活用して調達ダッシュボードを構築するメリット

BIツールを活用して構築された調達ダッシュボードは，図表6-6，図表6-7のような支出分析だけでなく，「サプライヤーのパフォーマンス評価，契約管理，リスク管理」など，企業のニーズに合わせてカスタマイズできる。調達ダッシュボードは，企業の調達活動を効率的に管理し，多面的なデータ分析から戦略的示唆を導く上で非常に有効なツールといえよう。

また，BIツールで調達ダッシュボードを構築することで，データ分析に関する専門知識の有無にかかわらず，誰でも同じデータへアクセスできることから，調達活動に関わる全メンバーが同じデータに基づいてデータ分析できる環境を構築できる点も，BIツールで調達ダッシュボードを構築する利点であることを述べておきたい。

(5)　情報分析基盤と調達ダッシュボードの活用はデータドリブン組織への第一歩

本節では，「データ分析はどのような手順で進めればよいのか？」という疑問に答えてきた。

成功する分析業務の始まりは，データ分析の目的と目標を明確にすることである。やみくもにデータ分析作業に取りかかるのではなく，まずは「データ分析によって何を成し遂げたいのか」という目的と目標を徹底的に議論して欲しい。

また，データ分析業務は，前工程の「データの前処理」と後工程の「データ分析」で構成されることを述べた。「データの前処理」では，データ分析前の

第6章　高度化のための調達データの活用　163

データ処理の段階で陥りやすい罠を回避するために「情報分析基盤」を活用して，徹底的に作業を効率化・自動化することを推奨する。「データ分析」では，BIツールで構築した「調達ダッシュボード」を活用し，マクロ視点とミクロ視点のデータを組み合わせて分析することで，効率的に戦略的示唆が導出できることを説明した。

　データドリブン経営の重要性が高まる現代において，調達組織にとっても「情報分析基盤」や「調達ダッシュボード」など，データ分析に役立つテクノロジーの導入はデータドリブン組織への改革の第一歩となりうるといえる。

　しかしながら，調達組織の本質的な価値は，コスト削減，業務効率化，コンプライアンスリスクの最小化など，企業が直面する課題を解決するために効果的な調達戦略を立てて実行することであり，データ分析業務自体の付加価値は低い。調達組織が，限定されたリソースでより多くの時間を戦略策定業務へシフトしていくためには，データ分析業務への徹底したテクノロジー活用が今後不可欠になるだろう。

第3節　仮説を立てデータ検証することによる調達課題解決力の向上

　前節では，成功するデータ分析の手順について説明し，調達組織にとっても「情報分析基盤」や「調達ダッシュボード」など，データ分析に役立つテクノロジーの導入はデータドリブン組織への改革への第一歩として有効であることを述べた。

　データドリブンアプローチが世の中で強く推奨されている理由は，データに基づく意思決定が，より客観的で信頼性が高く，効果的な結果をもたらすという認識が広まっているからだといえよう。

　最先端の調達ダッシュボードを使って社内の調達データを可視化することは，データドリブンの目的ではなく，あくまで課題解決の手段である。

　つまり，調達ダッシュボードのデータを眺めるだけでは課題は解決せず，解決したい課題は何で，その課題を解決するためには何のデータを，どのような切り口で見るべきなのかは，テクノロジーではなく，「人が考える」必要があ

る。その「人が考える部分」において、データ分析における目的設定の重要性は前節で説明した。本節では、目的設定の次に重要な仮説構築の重要性について、いくつかのポイントを述べたい。

(1) 仮説ドリブンを意識する

① 分析スピードを高めるには、仮説ドリブンアプローチが重要

図表6－8で示す「仮説ドリブンアプローチ」、いわゆる仮説を立てた後に、その検証のためにデータ分析を行うアプローチは、効率的に分析を行うために非常に有効である。例えば、「ある取引先への支出額が増加している要因を分析せよ」というケースがあったとする。読者はまずどのようなアクションを取るだろうか。「取引データをすべて収集してから支出額の増加要因を分析する」のでは時間を浪費するだけで効率が悪い。このような場合、多くの読者は「支出額が増加している原因の仮説を立てる」ことから始めるだろう。例えば、「取引件数が大幅に増えた」「取引1件当たりの価格が上がった」などの仮説を立て、それを検証するためのデータ分析を行う。この仮説を立てて、データ分析にてその仮説の裏付けをするアプローチを仮説ドリブンアプローチと呼ぶ。

[図表6－8] 仮説ドリブンアプローチ

仮説　　　　　　　　データ分析　　　　　　　　裏付け

| 総支出額の増加は ある商材の支出額が 大幅に増加しているからでは？ | 仮説をもとに データにて検証する | 仮説の正しさや誤りを 確認して施策を具体化する |

ビジネスでは、完璧な精度で時間をかけて仮説を検証するよりも、70〜80％の精度でスピーディーに検証し、必要に応じて迅速に修正を加えることが求められるケースが大半である。そもそも分析において、ありとあらゆるデータが

揃っているケースはまずない。

　仮説ドリブンアプローチは，限られた情報から迅速に仮説を立てて検証することで，意思決定のスピードを高めることができる。たとえ仮説が間違っていたとしても，迅速に修正し，新たな仮説に基づいて分析の方向性を変更すればよく，そのプロセスの繰り返しが分析の精度を高めることにつながる。仮説ドリブンアプローチは，スピード感を持って分析を行い，戦略へとつなげる上で非常に有効な手法であるといえよう。

(2) 仮説ドリブンアプローチのデメリットを理解し回避する

① 「確証バイアス」を避けるために，データドリブンアプローチも活用

　仮説ドリブンアプローチのデメリットである「確証バイアス」による偏った意思決定を避けるためには，客観的なデータに基づいて意思決定を行うデータドリブンアプローチを組み合わせることが有効である。

　「確証バイアス」とは，仮説を立てる際に，無意識なうちに自分の信念や期待に合わせた仮説を選んでしまうことである。

　図表6－9は，調達領域でよく起こる確証バイアスの例を示している。特に調達経験の少ない担当者の場合，最初に立てた仮説の正当性を証明しようと，データを都合のよいように解釈してしまう傾向がある。また，仮説と違うデータが出ると，仮説の正当性を証明するためのデータ探しに奔走して，データが

[図表6－9] 調達業務における確証バイアスの例

成功に対する思い込み
A社は直近の交渉で値下げをしてくれた。
A社へのさらなる交渉は難しい

取引先選定後の自己正当化
B社はコンペで評価して選定した。
サービス品質は間違いない

確証バイアスの例

確認ポイント
A社と競合他社価格を比較したか？
A社は他社より単価は高くないか？

取引開始後に評価したか？
コンペで期待したとおりのサービスを得られているか？

本来示す別の可能性を見逃してしまうことにもなりかねない。このように，確証バイアスが発生すると，意思決定の客観性が損なわれることになるだろう。

では，確証バイアスによる偏った意思決定を避けるためにはどうすればよいのか。それには，仮説ドリブンアプローチと客観的なデータに基づいて意思決定を行うデータドリブンアプローチを組み合わせることが有効である。図表6－9のようなケースでは，A社の価格水準を正しく理解するためには，他の取引先の価格や市場価格などのデータと比較すべきだろう。

② 仮説ドリブンアプローチとデータドリブンアプローチは補完関係

図表6－10が示すように，特定の問題を深く理解して検証するのに適した仮説ドリブンアプローチと，データから客観的洞察を得るのに適したデータドリブンアプローチは，補完関係にある。この2つのアプローチの関係性を理解して組み合わせることにより，より包括的で効果的な意思決定につながることから，両アプローチをバランスすることが，分析業務においては不可欠な要素である。

[図表6－10] データドリブンと仮説ドリブンの関係

仮説ドリブンアプローチ　　　　　データドリブンアプローチ

特定の問題を深く理解して検証　　　データから客観的洞察を獲得

(3) 仮説思考力を高める

① 分析スピードを高めるには，仮説ドリブンアプローチが重要

データ分析において，仮説を立てることの利点と重要性をここまで述べた。一方で，「そもそも仮説はどこから来るのか？」「まずはデータを見なければ初

期仮説は出ないのではないか？」と思っている読者もいるだろう。確かにそのとおりである。しかし，多くの場合，分析を開始する前に自身の経験からぼんやりと仮説は持っているもので，自らの経験に基づく初期仮説は分析には必要である。しかし，初期仮説が正しくないことや，ずれている場合も往々にしてあることから，仮説を繰り返し立てられる力，いわゆる仮説思考力を鍛えることは，調達担当者において極めて重要である。

　では，仮説思考力を高めるためには，どのような方法が有効だろうか。仮説思考力の強化に有効であろう代表的な3つの方法は以下のとおりである。

1．「引き出し」を増やす：
　多様な知識や経験を積むことで，仮説を立てる際の選択肢を増やすことができる。
2．具体的な行動に結びつく仮説を立てる（図表6‐11）：
　「So What?（だから何なのか？）」「Why So?（それはなぜか？）」と自問自答しながら，実際の行動につながる仮説を考える。
3．「ビジネスフレームワーク」を活用する（図表6‐12）：
　ストラテジックソーシングのフレームワークなど調達戦略につながるフレームワークを使って，問題を構造的に分析し，仮説を立てる練習をする。

[図表6-11] So What?／Why So?

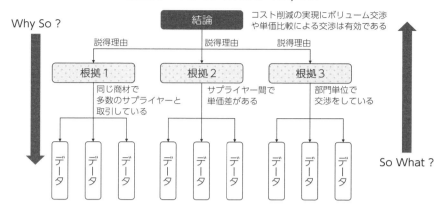

　「So What?」とは，個別の論点から結論を見つける作業であり，「Why So?」とは，その結論の根拠を確認する作業を意味する。各根拠は，データと事例によって裏付けられることで，結論に対する根拠の正確性が高まることになる。この「So What?／Why So?」については，世間に数あるロジカルシンキングの本で紹介されているので，ぜひ確認してみて欲しい。

② 調達領域の仮説構築に役立つビジネスフレームワーク

　では，ここからは，調達領域の仮説構築に役立つビジネスフレームワークを紹介したい。そもそも，ビジネスフレームワークとは，ビジネスの問題点や意思決定，分析を行う際の仮説構築に役立つ，共通の考え方や思考の枠組みのことを指す。調達領域においても，多くのビジネスフレームワークが存在するが，ここでは，コスト削減に特化したフレームワークと，取引先のリスク管理やサプライヤーとの関係強化など調達課題全般に役立つフレームワークの2点を紹介したい。

(a) ストラテジックソーシングフレームワーク：コスト削減の打ち手に特化

　まず1点目に紹介するのは，図表6-12で示す「ストラテジックソーシングのフレームワーク」である。このフレームワークは，コスト削減に関するアプローチがわかりやすく構造化，図式化されて整理されていることから，コスト

削減のアプローチに対する仮説を抜け漏れなく，効率的に検討するのに役立つ。

[図表6-12] ストラテジックソーシングのフレームワーク

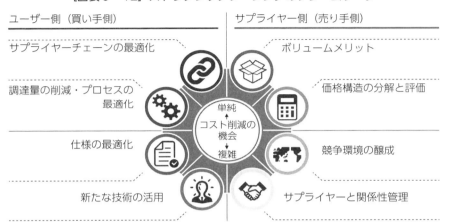

このフレームワークは，「ユーザー側（買い手側）」と「サプライヤー側（売り手側）」の2つのアプローチから構成されている。

「ユーザー側」のアプローチでは，調達量の削減，仕様の標準化，新たな技術の活用などのコスト削減策が示されており，商品やサービスを活用する社内関係者との綿密な協業によってコスト削減を達成する。

「サプライヤー側」のアプローチは，ボリュームメリット，価格構造の分解と評価，競争環境の醸成など調達領域で広く利用されている打ち手が示されており，このアプローチは，調達組織がこれらの打ち手の有効性をデータから検証し，ユーザーに提案していくことでコスト削減が達成されるものである。

打ち手の有効性は，サプライヤーとの関係性や市場の流動性によって異なるだろう。もし，提供されている商品やサービスに対して代替する供給先の情報を調達組織が保有していない場合，「サプライヤー側」のアプローチは使えない可能性も高く，「ユーザー側」のアプローチからコスト削減の可能性を検討していく必要があるだろう。

このように，ストラテジックソーシングフレームワークを用いるとコスト削減のアプローチが視覚化され，アイデアを整理することが容易になることを理

解いただけたのではないだろうか。

(b) **調達優位性フレームワーク：取引先のリスクやサプライヤーとの関係性も考慮**

2点目に紹介するのは，図表6－13で示す，コスト削減だけではない，取引先のリスク管理やサプライヤーとの関係強化など，調達領域全般の課題解決に向けた仮説構築に役立つビジネスフレームワークである。

取引先のリスク管理やサプライヤーとの関係強化は，ビジネスの環境変化が激しい昨今において，企業の競争力を維持し強化するために極めて重要なテーマである。調達組織はこのテーマへの対応もコスト削減と同様に強く求められているケースが多いのではないだろうか。サプライヤーとの関係強化に関する詳細は，本書の第7章にて述べたい。

[図表6－13] 多様な調達課題の解決に役立つフレームワーク

③ フレームワークと調達ダッシュボードの対応

図表6－13のフレームワークで立てた仮説をデータですぐに検証するために，図表6－14で示すように，PwCコンサルティング合同会社 調達高度化チームでは，このフレームワークに調達ダッシュボードを対応させており，調達担当

者は，多面的データ分析から仮説の支持や反証の洞察を得ることができる。

[図表6-14] フレームワークと対応した調達ダッシュボード

(4) 仮説構築からデータによる検証を高速で回すのが理想

　本節では，データ分析における仮説構築の重要性について説明した。また，仮説ドリブンアプローチとデータドリブンアプローチは補完関係のため，組み合わせることで，より包括的で効果的な意思決定につながることも示した。

　その仮説ドリブンとデータドリブンの両アプローチをバランスするには，調達領域のビジネスフレームワークとそれに対応した調達ダッシュボードの活用は非常に有効な手段といえる。この手段の活用は，仮説検証サイクルを高速化することができるようになるため，調達組織が，調達データを最大限活用し，仮説ドリブンとデータドリブンのハイブリッド型で限られた時間内に調達課題の解決につながる結論を出すのに，大きな役割を果たすことになるだろう。

第4節 調達ダッシュボードの活用事例

　本節では，前節で紹介したフレームワークに対応した調達ダッシュボード（図表6-14参照）を活用して，データ分析に基づいて，調達課題の解決アプローチを検討した事例を3点紹介したい。

(1)　Purchase Price Variation分析（PPV分析）

①　調達価格変動差異からコスト削減の機会を特定し，アプローチを検討

　PPV分析とは「調達価格差異分析」のことである。これは，時間による調達
物品やサービスの価格変動を追跡し，その変化の原因やパターンを特定するこ
とで，調達組織が安価調達の策を検討する際に有用な分析である。

　図表6 - 15は，あるスーパーマーケット青果部門の調達担当者が調達コスト
削減の機会を特定するために行った，トマトの調達に関するPPV分析の事例で
ある。図表6 - 15の「拠点別PPV」と「サプライヤー別PPV」の2つのチャー
トは，2つの拠点（拠点Aと拠点B）で2社の異なるサプライヤーから調達し
た5 kg入りのトマトの調達価格を12か月にわたって追跡したものである。

　この分析は，過去1年間のトマトの調達価格変動を，拠点間やサプライヤー
間で視覚的に把握し，調達価格差異を把握できることから，調達組織が安価調
達の打ち手を検討するのに便利である。

　この2つのチャートから，拠点Aの調達単価は30ドルから50ドルで推移して
いるが，一方，拠点Bの調達単価は20ドルから60ドルで推移していて，調達時
期によって単価のばらつきがあることを確認することができる。この状況にお
いて，安価調達に向けて，検討できる打ち手は以下のとおりである。

安価サプライヤーの選定：
- 調達時期によって安価なサプライヤーを選択する。

ベストプライス交渉：
- 拠点間の調達単価を揃える方向でサプライヤーと交渉する。

包括契約：
- 安価なサプライヤーに集約し，ボリュームメリット交渉をする。

　実行する際には，商品の品質や輸送コストなどの要因も考慮する必要がある
ため，さらなる分析が必要だが，PPV分析が安価調達の方針検討に役立つこと
をご理解いただけただろう。

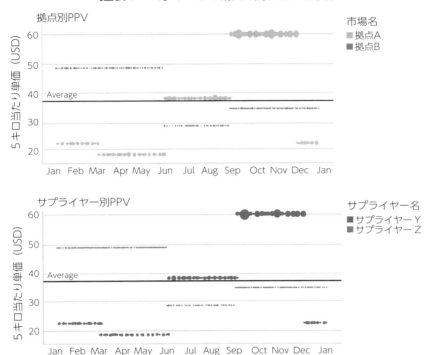

[図表6−15] トマトの購入に関するPPV分析

② 予算計画の精度向上にもつながる

　PPV分析で時間の経過に従って確認された価格変動パターンは、これから調達する物品、サービスの将来の価格変動予測に活用できることから、その予測を企業の予算計画に反映することで、予算計画の精度向上が期待できる。

　つまり、PPV分析から得た洞察は、安価調達方針だけでなく企業の予算策定の意思決定の材料になりうることから、調達組織の高度化において利点の多い分析であることを強調しておきたい。

(2) PO Coverage分析（購買条件捕捉率分析）

① 購買条件の捕捉率の状況分析からコンプライアンス強化のアプローチを検討

「PO」とは「Purchase Order」の略で「購買指示書や発注書」を指す。PO Coverage分析は，企業のコンプライアンス強化を目的として，調達組織が全発注の詳細な購買条件を追跡可能にするために役立つ分析である。

そもそも，調達組織が詳細な購買条件を把握しておくべき理由は，PO記載の「商品，サービス仕様，数量，単価，納期など」の購買条件に対し，「サプライヤーが契約条件に従って商品やサービスを提供しているか？」や「社内の発注行為が調達規程に従っているか？」など，取引実態を比較する必要性があるためである。

図表6‐16は，ある企業の調達組織が，企業コンプライアンス強化への貢献を目的として，POによる購買条件の捕捉率の向上の打ち手を検討するために，PO Coverageを分析した事例である。この分析では，全支出，商材単位，サプライヤー単位でPOの捕捉状態をチャート，グラフ，表で視覚的に把握できる

[図表6‐16] PO Coverage分析

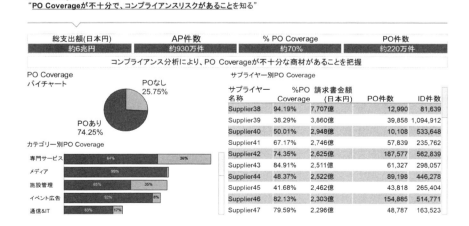

ことから，PO捕捉率の低い項目を特定し，捕捉率を向上させるための打ち手を検討するのに便利である。

図表6－16の「PO Coverageパイチャート」を見ると，全支出の約4分の1が「POなし」で取引されていることがグラフから確認できる。「POなし」とは正式な発注を介さずに行われる購入プロセスを指す。これは，「緊急の購入，少額の取引，一度きりの取引や不定期にしか購入しない」など，迅速な取引が必要な場合に選択されることが多い。

そのため，POなしは，POプロセスよりも柔軟性と迅速性に優れるが，一方，取引の詳細条件が記されないことも多いことから，取引開始後に発注したサプライヤーとの取引が条件に則って正確に行われているか追跡する際に障害となりやすい。

つまり，コンプライアンスの観点から「POなし」は「POあり」に可能な限り移行していくことが望ましい。また，図表6－16の「カテゴリー別PO Coverage」や「サプライヤー別PO Coverage」のグラフに目を移すと，購買条件の捕捉率が，カテゴリー間やサプライヤー間で，ばらついていることが確認できる。この状況において，「POなし」を「POあり」に移行していくためには，以下の打ち手が検討できる。

ポリシーの見直し：

- 「Professional Services」や「Facility Management」など，「POなし」が行われている範囲の詳細を分析し，「PO化」するためのルールを設ける。

サプライヤーとの協力：

- 「PO率」が低いサプライヤーを対象にその理由を分析し，サプライヤーと協力して，「PO化」を推進する。

調達システムの導入，利用の強化：

- システムにて調達業務を標準化し，少額取引であっても，調達システム内で発注を原則とする，あるいは，特定のカテゴリーについては，システム外発注を認めないなどのルール化を推進する。

② PO Coverageは社内のコンプライアンスの維持において重要な指標

　PO Coverageは，企業のコンプライアンスにおいて重要な指標であり，PO Coverageが高いほど企業としてコンプライアンスが維持できている状態であるといえる。調達組織が，PO Coverageの分析を通じて捕捉率向上につながる洞察を獲得し，関係部門と対策を講じることが，企業のコンプライアンス強化の貢献につながるのである。

⑶　Common Suppliers分析（部門横串によるサプライヤー利用状況分析）

① 複数部門間で共通して利用するサプライヤーを特定し，最適なサプライヤーマネジメント戦略を立案

　Common Supplierとは，買い手企業の複数部門（複数拠点）に対して商品やサービスを提供するサプライヤーのことを指す。Common Suppliers分析は，複数部門が利用する共通サプライヤーを特定し，そのサプライヤーとの取引状況の深掘り分析から部門横串での調達力強化方針やサプライヤーとの関係強化方針などを検討する際に役立つ分析である。

　図表6‐17では，あるグローバル企業のCommon Suppliers分析の事例を示す。この企業は世界各国に製造拠点を持つが，調達は各地域単位で実行していたため，「実は購買力が分散していて，企業が本来持つバイイングパワーを十分に活かせていないのでは」という課題が挙がっていた。そこで，本社（以下「HQ」と呼ぶ）の調達組織が，拠点共通で利用するサプライヤーの特定からグローバルでのサプライヤーマネジメント戦略の立案を行うために，「Common Suppliers」の分析を実行した事例である。

第6章　高度化のための調達データの活用　177

[図表6−17] Common Suppliers分析

Common Suppliers
"どのサプライヤーがどの部門/拠点と取引を行っているかを知る"

総支出額(日本円)	請求書件数	サプライヤー数	サプライヤー数(重複削除済み)
約6兆円	約192万件	約2.1万社	約1.8万社

統合データからサプライヤーの重複を削除することで、どの部門とサプライヤーが契約を締結しているか把握

複数拠点と取引しているサプライヤー数の割合

1拠点	99.23%
2拠点	0.51%
3拠点	0.14%
4拠点	0.07%
5拠点	0.04%

複数拠点と取引しているサプライヤーの支出額の割合

1拠点	75.11%
2拠点	5.24%
3拠点	6.08%
4拠点	2.92%
5拠点	10.65%

Common Suppliers Detail table

サプライヤー名称	HQ	EMEA	US	APAC	LATAM	総計
Supplier 3	43.1%	23.2%	30.7%	1.2%	1.8%	100.0%
Supplier 7	29.2%	34.8%	35.1%	0.3%	0.7%	100.0%
Supplier 21	28.7%	25.3%	40.9%	2.3%	2.8%	100.0%
Supplier 23	75.7%	15.2%	6.5%	1.0%	1.6%	100.0%
Supplier 19	37.2%	29.9%	8.6%	22.4%	1.9%	100.0%
Supplier 11	69.1%	23.2%	5.9%	0.4%	1.4%	100.0%

　図表6−17の「複数拠点と取引しているサプライヤー数」のグラフを確認すると、99％以上のサプライヤーは1拠点のみとの取引で、残り1％のサプライヤーが2拠点以上で取引をしていることが確認できる。一方で、「複数拠点と取引しているサプライヤーの支出額」のグラフに目を向けると、そのわずか1％のサプライヤーが、グローバル全体の総支出額の25％、全体の4分の1を占めていることを確認できる。

　つまり、この分析から、「複数拠点と取引がある1％の取引先に対して、拠点全体のボリュームをまとめ、集中調達化することでバイイングパワーを活かした交渉が可能では」という仮説を立てることができる。また、「Common Suppliers Detail table」からは、HQと最大量の取引をしているサプライヤーもいれば、EMEA（ヨーロッパ・中東・アフリカ）やUSとの取引量が最大のサプライヤーがいることもわかる。この状況において、HQの調達組織がグローバル全体の総支出額を抑制するために検討できる打ち手は以下のとおりである。

購買力の最大化：

- 拠点横串でボリュームを集約して，バイイングパワーの拡大を検討

ベストプライス評価：

- 拠点間の購入商材の単価差異の確認から，最安単価以下での調達を検討

② Common Suppliers分析で優先して関係を強化するサプライヤーを特定

　先に述べた事例は，拠点間のシナジーを活かしたコスト削減戦略につながる分析事例だったが，一方，サプライヤーとの関係性強化やリスク管理の視点で図表6－17を見ると，「Supplier 3」のように拠点全体と取引があり，かつ取引規模が大きなサプライヤーは，企業全体としての重要取引先の可能性が高い。このように企業としての重要取引先を特定する場合においても，Common Suppliers分析は非常に利用価値が高い分析といえるだろう。

(4)　まとめ

　本節で紹介した事例から，調達ダッシュボードが調達課題の解決アプローチを効率的に検討する上で非常に有効なツールであることは，ご理解いただけただろう。

　なお，紹介した3つの事例は，「コスト削減」「コンプライアンス強化」「サプライヤーマネジメント」とそれぞれ異なる調達課題に対して，調達ダッシュボードを活用してデータ分析から解決アプローチを検討した事例になる。このように，解決すべき課題に応じて見るべきデータが異なることを理解いただけたのではないだろうか。

　この便利な調達ダッシュボードを効果的に活用するために，データ活用の目的と解決すべき課題特定，課題解決につながる仮説の構築が，分析データを確認する前の重要なプロセスであることは，再度強調しておきたい。

第5節 調達データの利用価値の持続的な向上に向けて

　本章では，「分析」が調達課題の解決に導く重要なプロセスであることを述

べ，データ分析の手順として，「データの前処理」工程をテクノロジーで効率化する方法と，「データ分析」工程で仮説ドリブンとデータドリブンをバランスさせる重要性を説明した。データ分析で得た洞察は，調達課題の解決につながる戦略策定，実行のプロセスにつなげていくことでビジネス上の価値を発揮するが，調達組織が「データ利活用」を成功させ，持続的に調達データの利用価値を高めるにはどのように取り組めばよいのか。

本節では，調達組織がデータ利活用を成功させ，企業文化として根付かせるためのポイントを述べたい。

(1) データ利活用が組織に根付くには時間がかかる。Quick Winが重要

データ利活用のための仕組みは，近年の急速なテクノロジーの発達により，短期間での構築が可能となった。そのことは，本章の「情報分析基盤」と「調達ダッシュボード」の事例からご理解いただけただろう。

しかしながら，技術面での仕組み構築に留まらず，「データの利活用」を実現するためには，組織や社員の理解，データ分析に精通した人材の育成，データガバナンスの確立など，組織全体での改革が求められる。これには時間がかかる。

また，データ利活用の取組みは，調達組織単独では進められず，他部門の協力が不可欠である。他部門の理解と協力を得るためには，「この方法ならうまくいきそうだ」という認識を作ることが重要で，そのためには最初の取組みでわかりやすい成果を出すことがポイントとなる。最初から大きな成果を狙うと利害関係者が増え，調整に時間がかかるため，「小さく始めて早く成功させる」いわゆるQuick Winを推奨する。

(2) Quick Winの実践ポイント

Quick Winを実践するポイントはいくつかあるが，まずは，調達において具体的な課題があるところから開始すべきだ。

例えば，大きくコスト削減を求められている部門を特定し，データ分析からコスト削減につながる洞察を得て，関係者と会話するところから始めるのもいいだろう。その洞察が具体的なコスト削減の打ち手につながれば，その関係者

は「調達組織のデータ分析は使えそうだ」と調達におけるデータ利活用に対する理解を深め，取組みの支持者となってくれるだろう。

また，調達組織としてもQuick Winを通じて，先行事例ができることで，データ利活用に関わるメンバーに達成感を与えることになるだろう。そのメンバーの達成感は次の展開へのモチベーションを生み，他組織にとっても，その先行事例が調達におけるデータ利活用のイメージを具体化してくれる。

以上から，Quick Winはデータ利活用の取組みを組織全体へ展開する上で大きな推進力になることを理解いただけたと思う。実際には，企業の置かれた状況によりケースバイケースだとは思うが，読者の方々には，最初のQuick Winがその後の取組みに弾みをつけることを念頭に置いて，データ利活用の取組みを進めることも検討していただきたい。

(3)　調達におけるデータ利活用を企業文化として根付かせる

Quick Winからの拡大展開で，データ利活用の目的と効果が調達組織や他部門で理解され始めたら，企業文化として「データ利活用」を根付かせることが必要である。そのためには，データ分析から戦略的示唆を導出するプロセスを業務に組み込む必要がある。

調達の場合，最新の調達データに対して「調達ダッシュボード」を活用し，定期的にデータ分析を行うべきである。そして，そのデータ分析から得た洞察を具体的なアクションとして次年度の調達活動計画に織り込む。これにより，調達におけるデータ利活用の必要性が高まり，その文化が組織全体に根付いていくだろう。

(4)　まとめ

本章は，「企業が保有する膨大な調達データを企業の調達課題の解決につなげていくためにはどうすればいいのか？」という疑問に答えた。

世の中には，「データドリブン」がバズワード的に広がっていることから，多くの企業が様々な取組みを実行している。しかしながら，想定していたような効果を十分に感じられていないケースも多いのではないだろうか？

本章では，「データ分析」において，仮説ドリブンとデータドリブンを組み

合わせることが調達課題を解決するための戦略的示唆の導出につながることを述べた。また，そのデータ分析から得られた洞察を課題解決に活かす「データ利活用」を組織全体に根付かせるため，Quick Winの活用とテクノロジーを使ったデータ分析を業務に組み込み，その洞察を具体的なアクションとして活動計画に反映させる必要性を述べた。これらを実行することで，企業が抱える様々な調達課題は着実に解決され，調達組織は経営へ貢献する成果を上げることができるようになるだろう。

補論②

グローバルデジタル調達実態調査に見る日本企業の課題

　調達部門が取り扱うべきテーマは従来のコスト削減や安定調達の実現のみならず，サプライヤーのリスク管理やサステナブル調達など多様化している。それに伴い，経営層から調達部門への期待値は年々拡大している。

　一方で，調達部門は限られたリソースで複数のテーマに取り組みながら最大限の成果を出すことが求められている。そのためにはデジタルツールを活用することが必須だろう。しかし，デジタルツールをうまく活用できている日本企業は果たしてどれだけあるだろうか？

　PwCが行った「グローバルデジタル調達実態調査」からは，経営層からの拡大する期待について，（日本以外の）グローバル企業と日本企業とでは特徴的な差分があることが見えてきた。

　（日本以外の）グローバル企業では，拡大する期待値に対して着実に改革テーマを設定し，対策を打ち，効果を得ているように見える。一方で，日本企業もグローバルの動向を意識して，後追いながらも同様の改革テーマを設定し，対策を打っている。しかしながら，十分な効果を出しているようには見受けられない。それはなぜだろうか？

　分析を行ったところ，以下のように日本企業が陥りがちな4つの罠が見えてきた。

---

① 経営層の関与が薄く現場任せになっている
② チェンジマネジメントを軽視している
③ ツールドリブンでベンダー依存度が高い
④ オペレーティングモデルの最適化への意識が低い

以降，調査の詳細とともに，それぞれの罠について見ていこう。

1 PwCのグローバルデジタル調達実態調査とは

PwCではグローバルでデジタル調達の実態を定期的に調査している。対象は多様な地域の多数の調達プロフェッショナルとしており，第4回では世界64か国800人以上の調達プロフェッショナルを対象に調査した。第5回では世界58か国1,000人以上の調達プロフェッショナルを対象に調査した。

調査からはグローバルなトレンドが把握できることに加えて，グローバル企業と日本企業の差異も浮き彫りになっている。

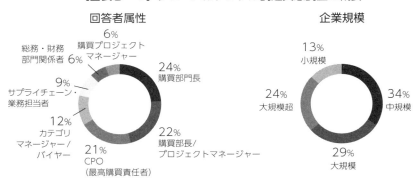

[図表②－1] グローバルデジタル調達実態調査の概要

2 第4回グローバルデジタル調達実態調査（2022年発表）

(1) 総論

2022年に発表された第4回グローバルデジタル調達実態調査からは，デジタル化で出遅れていた日本企業の姿が明らかになった。

補論② グローバルデジタル調達実態調査に見る日本企業の課題　　185

　グローバル企業では，コスト削減を優先テーマに掲げながら幅広いテーマに取り組んでいる。一方，日本企業はグローバル同様にコスト削減をテーマに掲げながらも，他テーマには着手していない状態であった。

(2)　デジタルツールの導入率と活用率

　まずはグローバル企業と日本企業の調達領域におけるデジタルツールの導入率・活用率を比較する。図表②‐2より，グローバル企業は，ソーシング領域とパーチェシング領域の両方でデジタルツールの導入率が80％以上である。

　一方で日本企業は，パーチェシング領域の導入率はグローバルより高いものの，ソーシング領域では21ポイントも低い60％である。日本企業はグローバル企業に対してソーシング領域で出遅れていることがわかる。

　また，活用率においては，グローバル企業はソーシング領域とパーチェシング領域のいずれも40％前後である。

　一方で日本企業は，パーチェシング領域の活用率は38％とグローバル企業と大きな差はないが，ソーシング領域ではグローバル企業よりも16ポイントも低い19％である。導入率と同様に，活用率においてもソーシング領域で日本企業はグローバル企業に後れていると捉えることができる。

　日本企業に特徴的な傾向として，パーチェシング領域の業務効率化には熱心な一方，戦略的かつ高付加価値なソーシング業務の強化には関心が低い，あるいは関心はあるものの成果を出せていないことがあるのではないだろうか。

[図表②-2] グローバルと日本におけるデジタルツール導入率・活用率

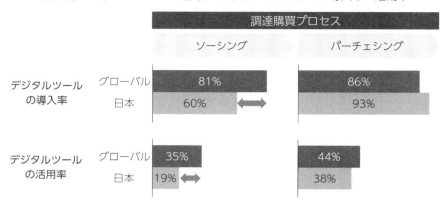

(3) データの活用状況

次に、調達購買データの活用状況についても、グローバル企業と日本企業の調査結果を見ていきたい。図表②-3より、グローバル企業では「データを活用しやすい」という34％の回答だけではなく「顕著にビジネスに役立つ」と回答した企業が11％存在する。データを活用するための環境整備を行い、さらに効果を享受している企業も存在する。

一方で日本企業は「データを活用しやすい」と回答している企業は40％あるものの、「顕著にビジネスに役立つ」と回答した企業はゼロという結果であった。日本企業ではデータを活用するための環境整備に取り組んでいるものの、十分な効果を享受するまでに至っていないのではないだろうか。

楽観的に見ると時間の問題だけであり、そのうち日本企業も効果を得られ始めるであろうと期待できるのかもしれない。しかしながら、データを活用することにより大きな効果が期待できるのは、定型的なパーチェシング領域よりも、戦略的かつ付加価値の高いソーシング領域である。

ソーシング領域への関心が薄い傾向のある日本企業がこの領域で効果が出せるかどうかは、注視する必要があるだろう。

[図表②-3] グローバルと日本における調達購買データの活用状況

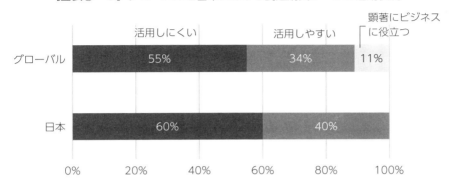

(4) 調達部門の戦略目標

　調達部門の戦略目標においても，グローバル企業と日本企業の間の差異が見えてきた。図表②-4より，グローバル企業はコスト削減を第一優先の目標としながらも，多様な目標を視野に入れていることがわかる。

　日本企業もコスト削減を第一優先の目標としていることはグローバル企業と変わらない。しかし，調達部門の価値を多様化，向上するような，「DX・デジタル改革」「サプライヤーソーシング」「人材維持・育成」といったテーマへの取組みが後れている。より視野を広く持って，テーマを広げていくことが必要ではないだろうか。

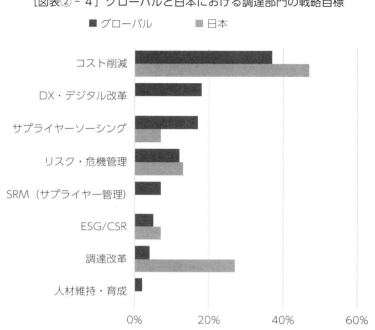

[図表②-4] グローバルと日本における調達部門の戦略目標

3 第5回グローバルデジタル調達実態調査（2024年発表）

(1) 総論

　2022年発表の第4回のグローバルデジタル調達実態調査の結果からは，グローバル企業に対して後れをとっている日本企業の姿が見えてきた。2024年発表の第5回の調査結果では，日本企業はグローバル企業に追随しているのだろうか。あるいは，迷走しているのだろうか。

　グローバル企業は環境変化を加味しながら，着実にテーマを設定し，対策を打ち，効果を出しているように見える。

　一方で日本企業は，グローバルに追随して同様の改革テーマを設定し，対策を打っているようだが，効果は享受しきれていないように見える。

それはなぜだろうか？

(2) 調達部門の戦略目標

図表②-5より，グローバルではコスト削減に重心を置きながらも，多様なテーマを調達部門の戦略目標として掲げていることがわかる。

一方で日本企業は，コスト削減から他のテーマにシフトしている。リソースが限定的であるがゆえに，他のテーマに取り組むためにはコスト削減にかけていたリソースをシフトせざるを得ないという状況にあったのではないだろうか。

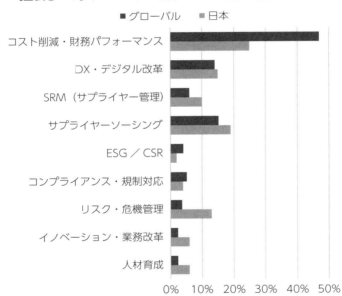

[図表②-5] グローバルと日本における調達部門の戦略目標

(3) デジタルの活用意向

調達に関連するテーマには，黎明期，拡大期，成熟期という3つのライフステージがあると考える。図表②-6のように，新しく登場したテーマのうち，生き残ったものが拡大期に移り，やがてテーマとして成熟すると通常業務とし

て定着する。

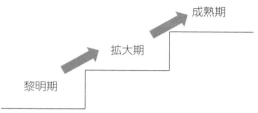

[図表②-6] 調達関連テーマのライフステージ

　図表②-7にあるような様々なテーマも，3つのサイクルのいずれかに当てはまる。
　黎明期に該当するテーマは，今回の第5回調査で新たに加わったもので，生成AIの活用やコラボレーティブポータル（サプライヤー連携等）など，トレンドとなっている技術に関連するテーマである。
　拡大期・成熟期のテーマと比較すると，グローバル企業，日本企業ともにまだ関心が高いわけではないが，グローバル企業のほうが日本企業に比べて先行している。
　拡大期に該当するテーマは，CO_2トラッカー（排出削減量測定）や請求電子化といった，登場してからやや時間が経過したテーマである。
　前回の第4回調査では，グローバル企業が先行し，日本企業が出遅れていた領域である。第5回調査においては，グローバル企業は取組みを維持している。一方で日本企業においては，周回遅れではあるものの取組みを強化しつつある。
　成熟期に該当するテーマは，データ分析やソーシングプロセスとパーチェシングプロセスのデジタル化など，調達部門のコアとなる業務に関連するテーマである。グローバル企業は成熟期テーマに引き続き注力している。一方で日本企業においては，成熟期の優先度が下がりつつある。

[図表②-7] 2027年に向けたロードマップにおけるデジタルユースケースの出現率

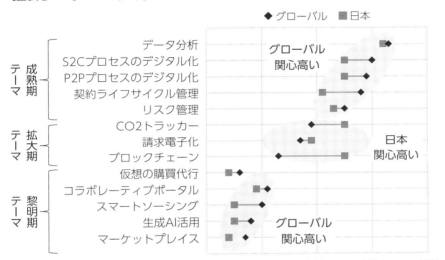

(4) デジタルツールの活用状況

次に、各ライフステージに該当するテーマのデジタルツール活用状況についても、グローバル企業と日本企業のアンケート結果を比較する（図表②-8参照）。

成熟期に該当するのは、ソーシングやパーチェシングへの取組みである。第4回調査結果をもとに述べたとおり、グローバル企業は戦略的かつ高付加価値なソーシング領域と定型的なパーチェシング領域の両方でデジタルの活用が進んでいる。

一方で日本企業は、パーチェシング領域ではグローバル企業同様に取り組めているが、ソーシング領域では出遅れている。

黎明期に該当するサプライヤー協働デジタルツールについて考察を述べる。本テーマについては、グローバル企業が先行し、日本企業が出遅れている。しかしながら、日本企業が安易な後追いをするのは勧められない。

成熟期での取組みを見ると、グローバル企業はソーシング領域での継続的な

取組みを行い，結果を出しているようにも見える。その上で，新たな付加価値として，SRM的な取組みを開始しているとも考えられる。

他方，日本企業がソーシング領域での取組みに余地がある中で，取組みテーマの戦線を拡大するのはいかがなものだろうか。それよりも，着実に目の前のテーマに取り組み，成果を出すことを最優先にすべきではないだろうか。

次に，拡大期に該当するCO_2トラッカー（排出削減量測定）について考察を述べる。グローバルはすでに取組みを開始して，結果を出し始めた企業もある。一方で，日本企業は周回遅れで取組みをし始めた様子である。

最後に，成熟期に該当するテーマの例として，契約ライフサイクル管理（Contract Lifecycle Management）がある。調達品目は，モノとサービスの2つに大別でき，それぞれの契約には特徴がある。

サービスについては，長期間にわたり継続的な取引になる場合も多い。そして，委託内容がブラックボックス化してしまい，市場価格との乖離が発生する可能性がある。長期間にわたり継続的に発生するサービスのような取引については，契約更新時に計画的に見直しをかけることがポイントである。

コスト管理の容易さの視点で見ると，モノは比較的容易，サービスは難しく，サービスこそ戦略的に取り組む必要がある。

このテーマにおいて，グローバル企業は，長期間取引に対してメスを入れようとしている。一方で，日本企業は戦略的な取組みは劣後しているように見える。

補論② グローバルデジタル調達実態調査に見る日本企業の課題　193

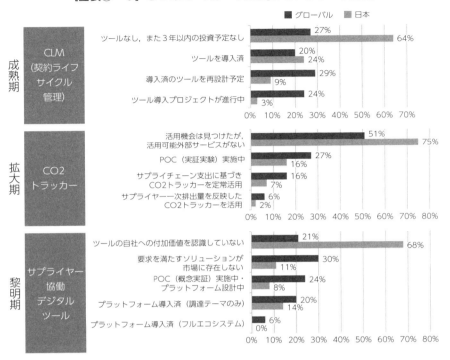

[図表②-8] 3つのユースケースに対するアンケート結果

(5) デジタル調達改革の成功要因に見る日本企業の罠

図表②-9より、グローバル企業と日本企業、それぞれが考えるデジタル調達改革の成功要因から、次の4つの日本企業の特徴的な傾向が見えてきた。

① 経営層の関与が薄く現場任せになっている
② チェンジマネジメントを軽視している
③ ツールドリブンでベンダー依存度が高い
④ オペレーティングモデルの最適化への意識が低い

① 経営層の関与が薄く現場任せになっている

　デジタル調達改革を現場が推進することは問題ないが，経営層の関与が薄くなっていないだろうか。改革を円滑に進めていくには，当然だがリソースもお金もかかる。経営へのインパクトを見据えて，経営層はリソースを配分すべきである。本質的にはデジタル調達改革はツールの導入だけではなく，組織や業務の構造改革の側面も持ち合わせている。必要に応じて組織の権限配置や役割分担を，経営層が見直すことも必要であろう。

② チェンジマネジメントを軽視している

　改革には必ず抵抗勢力がつきものである。改革を成功に導くためには，そのような抵抗勢力を味方につけることが不可欠である。現場層のみでチェンジマネジメントを推進したとしても，抵抗勢力に対してはどうしても"お願い"ベースになってしまい，完全に協力してもらえる状態を実現することは困難である。チェンジマネジメントを効果的に実行し，抵抗勢力を味方につけるためには，経営層から鶴の一声を発し，チェンジマネジメントを推進するメンバーに大義名分を与えることが重要である。

③ ツールドリブンでベンダー依存度が高い

　ツールを導入することそのものが目的化してしまい，ツールを導入することで達成しようとしていた目的を見失っていないだろうか。ツール導入ベンダーへ依存してしまい，自分事として自分たちの頭で考えることを怠っていないだろうか。ベンダーの言いなりになって，言われるがままにカスタマイズなどを加えてしまうと，ツールが悪い意味で大規模化してしまい，使いこなせないだけではなく，運用の費用も膨らんでしまう。他社の事例を参考にするのはいいが，あくまでツールを使うのは自分たちということを忘れずに，主体的に取り組んでいくべきである。

④ オペレーティングモデルの最適化への意識が低い

　デジタルツールを導入できれば改革は成功，という意識を日本企業は持っていないだろうか。改革はツールだけではなくオペレーティングモデルの全体を

最適化することが必要であるため，組織構造や権限も見直す必要がある。部分最適ではなく全体最適で考えていくことが重要である。

[図表②-9] デジタル調達ソリューション導入の重要な成功要因

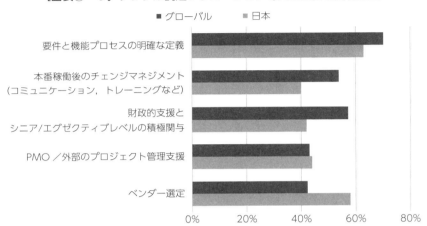

4 第4回・第5回調査結果のまとめ

第4回と第5回のグローバルデジタル調達実態調査から，日本企業はグローバル企業に後れをとりながらも，グローバル企業と同様の方向性を目指しているように見えた。現時点では，デジタル調達改革から十分な効果が得られていると評価する企業は，日本企業よりもグローバル企業のほうが多い。

いずれ時間が経てば，日本企業もグローバル企業と同様に十分な効果が得られているとの回答が多くなることを期待したい。しかしながら，これは楽観的すぎる期待かもしれない。

調査の行間を読むと，グローバル企業は環境変化に応じて必要な改革テーマを1つひとつ地道にやり切っている印象を受ける。他方，日本企業が，グローバル企業の動きに惑わされて，改革テーマのつまみ食いになっているとすれば，時間が解決するというのは楽観的すぎるだろう。

日本企業がデジタル調達改革の効果を出しきれていないのは，先に述べたよ

うな日本企業の特徴的な課題がある。

① 経営層の関与が薄く現場任せになっている
② チェンジマネジメントを軽視している
③ ツールドリブンでベンダー依存度が高い
④ オペレーティングモデルの最適化への意識が低い

　確実に効果を出すためには，日本企業にこのような特徴があることを自覚して，戒めていく必要があるだろう。また，グローバルのトレンドをやみくもに追随するのではなく，デジタル調達改革により達成したい目標を見定めることこそ重要である。定めた目標の達成に向けて，腰を据えて改革に取り組み，積極的に経営層が関与する。さらには，全体最適の観点での組織再設計や，全社の意識改革にも乗り出し，小手先だけではない改革を進めていくことが成功の鍵ではないだろうか。

第 **7** 章

高度化に向けた調達機能への
サプライヤーの巻き込み

現代の競争環境において，企業が持続的に成長し，競争力を維持するために
は，調達機能の高度化が不可欠であることはこれまで述べてきた。その中でも
特に重要なこととして忘れてならないのが，サプライヤーを含めた生態系全体
の最適化である。本章では，この生態系を最適化するための具体的なアクショ
ンとして，「調達機能へのサプライヤーの巻き込みとその実現方法」について
論じたい。

［図表７‐１］調達機能へのサプライヤーの巻き込みの全体像

STEP1 サプライヤーコミュニケーションの高度化	STEP2 買い手と売り手の相互認識に基づく関係性の構築	STEP3 サプライチェーン "Re" エンジニアリングによる構造改革
・調達を窓口とする社内体制の整備 ・サプライヤーを評価する基準やプロセスの整備 ・共同改善プログラムを通じたサプライヤーコミュニケーション，フィードバック	・双方向の関係構築によるサプライヤー戦略の高度化 ※詳細は補論③にて解説	・サプライヤー階層の見える化とサプライチェーンの構造改革 ※詳細は補論④にて解説

　多くの企業がサプライヤーとの関係を単なる取引に留めているが，これでは
真の競争力を引き出すことは難しい。サプライヤーとの戦略的なコミュニケー
ションができていないことから，サプライヤーのパフォーマンス情報が集約さ
れず，加えて評価基準も統一されていないため，最適な選定や関係構築が進ん
でいない。このようなことが起きていないだろうか。サプライヤーとの共同改
善プログラムが不足し，表面的な管理に終始している場合も多い。第１節では，
これらの問題を克服し，サプライヤーとの強固なビジネスパートナーシップを
構築するための具体的なステップについて紹介する。第２節では，サプライ
ヤーとの関係を一方的な評価に留めず，相互認識を高めるための戦略について
解説する。

第7章　高度化に向けた調達機能へのサプライヤーの巻き込み　　199

　第3節では，サプライチェーン"Re"エンジニアリングについて触れる。サプライヤーの階層を見える化し，目の前のサプライヤーだけではない背後にあるサプライヤーの状況を可視化し，サプライチェーンそのものを再構築することで，生態系全体を最適化する取組みの必要性について解説する。第4節では，調達機能へサプライヤーを巻き込む上での経営のリーダーシップについても触れたい。

　なお，生態系全体をどのように最適化し，調達機能を高度化するかについて，より具体的な進め方とインサイトを得ていただくため，本章と合わせて補論③④も参照いただきたい。

第1節 | サプライヤーコミュニケーションの高度化

　調達の高度化を図るためには，自社の調達機能にサプライヤーを巻き込み，サプライヤーの生態系全体を最適化していく必要があるが，これを進めていく上で，多くの企業では，サプライヤーとのコミュニケーションに課題がある。第1節では，サプライヤーコミュニケーションの課題と対応について解説する。
　図表7－2に示す進め方に沿って解説したい。

[図表7－2] サプライヤーコミュニケーションの高度化の進め方

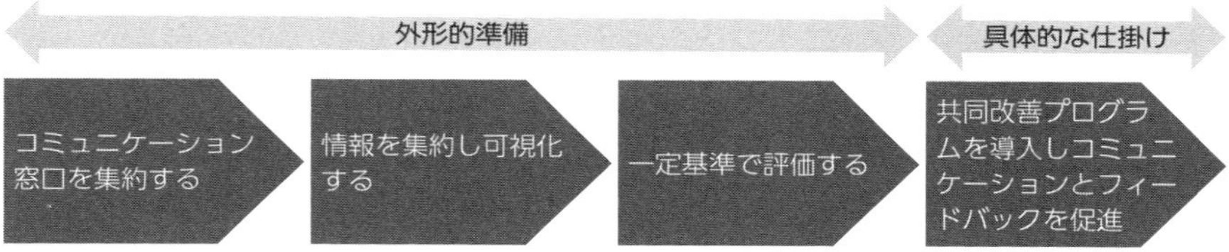

外形的準備　　　　　　　　　　　　　　　　　　　　具体的な仕掛け

| コミュニケーション窓口を集約する | 情報を集約し可視化する | 一定基準で評価する | 共同改善プログラムを導入しコミュニケーションとフィードバックを促進 |

(1)　サプライヤーコミュニケーションの課題

　サプライヤーとのコミュニケーションを考えた場合，まず，多くの企業ではサプライヤーのパフォーマンス情報が様々な部門やプロジェクトに分散していることが課題である。それゆえ，サプライヤーの全体像を把握するのが難しい。また，パフォーマンスを評価する共通の指標もなく，サプライヤーの選定や関係性のランク付けが適切に行われていない。加えて，サプライヤーとの共同改善プログラムや評価の体系，動機付けの仕組みも欠如している。さらには，一元的な窓口がないために，表面的な管理に留まっていることも課題である。

(2)　コミュニケーション窓口を集約する

　以上を踏まえ，最初に検討すべき点は，サプライヤーとのコミュニケーション窓口の集約である。統括的な窓口がない場合，サプライヤーからの情報を社内で集約できない。また，社内でせっかく部門を越えて集約した情報について，サプライヤーと正しくコミュニケーションすることもできなくなる。結果とし

第7章　高度化に向けた調達機能へのサプライヤーの巻き込み　201

て，生態系の最適化を目的としたサプライヤーへの一貫したコミュニケーションが難しくなる。

　ゆえに，窓口の集約はサプライヤーコミュニケーション高度化の第一歩であるが，対サプライヤーの窓口を統一するために，企業によっては一元化されたコミュニケーション窓口として調達部門内に専門チームやサプライヤーマネージャーを設けるところもある。このサプライヤーマネージャーが，各部門からの情報を集約し，サプライヤーとのやり取りを統括することで，透明性と一貫性のある継続的な戦略的コミュニケーションが可能になり，それが，サプライヤーとの関係性を強化し，相互理解を深める効果につながる。

(3)　情報を集約し可視化する

　窓口が集約されると，戦略的なコミュニケーションの土台ができ始めるようになるが，これらのコミュニケーションを通じて得られた情報については，しっかりと情報集約の上，関係者には可視化されるように管理することが重要になる。

　この「情報の集約と可視化」については，全社的なサプライヤーデータベースの構築が鍵である。このデータベースに収集すべき情報は，基本的な各部門の取引情報に加え，戦略的なコミュニケーションを通じて収集できた情報や，今後戦略的に調達を行う際に必要なサプライヤーの強みや弱みの情報などになる。これを一元化し，リアルタイムでアクセス可能にすることがポイントである。これにより，サプライヤーの理解が深まり，戦略的なコミュニケーションが進めやすくなる。

[図表7-3] サプライヤーデータベースのイメージ

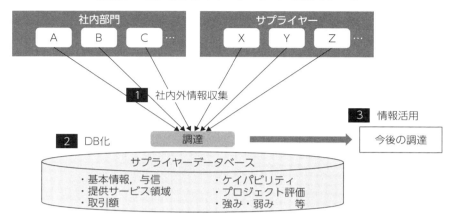

(4) 一定基準で評価する指標をつくる

次に、集約し可視化された情報をもとに、サプライヤーを一定の指標を持って評価していく必要があるが、統一的な指標が存在しないため、評価が一貫せず、サプライヤーの選定や関係性のランク付けが適切に行えないというケースがある。各部門が独自の評価基準を用いていることが原因であり、部門ごとに異なる基準が適用されるため、全社的な視点での公平な評価が難しくなる。

これを解決するには、全社共通の評価基準を設定し、統一して用いることが重要になる。評価基準に、サプライヤーの品質、納期遵守、コストに加え、アフターフォローの柔軟性、追加的貢献など多角的な要素を含め、年度単位程度で定期的に評価基準を見直すことで、環境変化にも対応した指標ができるようになる。

(5) 共同改善プログラムを導入しコミュニケーションとフィードバックを促進

サプライヤーとの総合的な窓口をつくること、情報の集約化を行うこと、統一的な評価指標を作ることは、外形的な準備である。外形を整えただけでは物事は進まないため、サプライヤーを巻き込むための仕掛けが必要になる。ここ

第7章　高度化に向けた調達機能へのサプライヤーの巻き込み　　203

ではサプライヤーとの対話を深めるために，定期的なミーティングやワークショップの開催に加え，共同改善プログラムの導入などが効果的である。ある消費財メーカーでは，四半期ごとにサプライヤー意見交換会を開催し，サプライヤーとの意見交換やベストプラクティスの共有を行っている。この会合では，経営層も参加し，自社の戦略やビジョンを共有することで，サプライヤーの理解と協力を得ることができる。このような場を通じて，サプライヤーとの関係を深化させると同時に，共通の目標に向かって協力する体制を強固にすることができる。

　また，他のサプライヤー共同活動の事例としては，ある自動車メーカーの取組みが挙げられる。この企業では，主要なサプライヤーと共同でイノベーションラボを設立し，新技術の研究開発を推進している。このイノベーションラボでは，双方のエンジニアが協力して新製品のプロトタイプを開発し，市場投入までのプロセスを加速させている。この取組みにより，サプライヤーとの協力関係が強化され，迅速な製品開発と市場投入を実現している。

　調達機能へのサプライヤーの巻き込みとして，サプライヤーとのコミュニケーション高度化に向けた，窓口・情報の集約，評価軸の統一，それらをサポートする仕組みの構築といった外形的な仕組み作りを解説した。また，共同改善プログラムのような，コミュニケーション高度化の打ち手を仕掛けることの重要性を説明した。これにより巻き込みが進み，関係性を深化させることができるようになる。

第2節　買い手と売り手の相互認識に基づく関係性の構築

　調達機能へのサプライヤーの巻き込みを行いながら調達を高度化する際，サプライヤーとの関係性構築の進め方には注意したい。サプライヤーとの関係性を構築していくにあたっては，自社におけるサプライヤー評価基準に則り，サプライヤーを層別評価することから始まるが，その後，各サプライヤーとの取引は，従前であれば買い手優位な調達を行っていた領域であっても，昨今の環境変化により，売り手であるサプライヤー優位な調達へと変化しているケース

が増えてきている。したがって，これまでのような買い手視点の一方的な要求押し付け型の関係性構築ではなく，サプライヤーから自社がどのように見られているかにも注意を払いながら，相互認識を意識した関係性構築を目指す必要がある。

売り手と買い手が相思相愛であれば，企業の経営レベルでの連携が可能となる。片思いの関係であれば，まずは短期的な共同改善を進め，中期的に関係性を相思相愛に高めることが重要になってくる。この相思相愛の関係性を，相互認識を踏まえた関係性の構築とするなら，この関係性を構築することで，企業とサプライヤーがともに価値を創造し，持続的な競争力を高めることができるだろう。

(1) 一方通行の関係性

伝統的な調達戦略では，企業がサプライヤーを評価・選定する際に，一方的な評価基準を適用することが一般的である。しかし，この一方的なアプローチは，サプライヤーとの関係を浅くし，長期的な協力関係を築くことを難しくしている。企業が短期的なコスト削減に過度に集中し，サプライヤーとの深い協力関係を築く重要性を軽視すると，このような状況に陥る。

従来，特にグローバル競争が進む前の段階では，企業とサプライヤーの関係は長年の付き合いや馴れ合いに基づいて築かれていた。この時期には，自社に協力してもらう関係性を構築することが重要視され，信頼関係をベースにした緩やかな管理が行われていた。しかしながら，グローバル競争が激化するにつれて，市場で勝ち残るために，品質（Quality），コスト（Cost），納期（Delivery）といったQCDの視点でサプライヤーをより厳格に管理することが求められるようになった。グローバル市場で競争力を維持するためには，サプライヤーのパフォーマンスを厳しく評価し，管理する必要があった。これにより，サプライヤーに対して，自社の一方的な評価基準を適用させることが一般的となり，その関係性も浅くなるケースが一部で起こり始めた。

(2) サプライヤーの視点を取り入れた相互認識に基づく関係性

しかし，近年では市場の変化が激しく，顧客のニーズも多様化している。企

業側もこの変化に対応するために，自社の対応だけでは難しくなっており，こと「調達」という観点でも，サプライヤーの声をしっかりと聞き入れる必要性が高まっている。これにより，自社の要求の押し付けだけではその関係性の維持は立ち行かなくなってきており，企業が生態系全体を新鮮かつ柔軟に保つためには，サプライヤーとの関係性を再構築する必要が出てきている。サプライヤーを単なる取引先としてではなく，戦略的パートナーとして位置付け，双方で相互利益を追求する関係を構築するという考え方である。その際，企業はサプライヤーの視点を取り入れ，彼らからのフィードバックを積極的に求める姿勢が必要になる。このように考え方と活動を改めていくことで初めて，サプライヤーのニーズや期待を理解し，共通の目標を設定して協力することが可能となる。

(3) 経営層の関与

サプライヤーとの相互認識の関係性構築においては，経営層の関与が不足していることも課題である。これは，サプライヤーとの関係構築の難しさとして現れてくる。当然，すべてのサプライヤーとの関係構築に経営層が関与することは現実的ではないが，企業にとって最重要と位置付けるサプライヤーとの関係構築においては経営層が積極的に関与する必要性が高まっている。

この問題を解決するためには，経営層が調達機能へのサプライヤーの巻き込みの重要性を認識し，その実現にはサプライヤーとの相互認識の関係性構築が必要であることを理解した上で，積極的に関与することが必要である。経営層がリーダーシップを発揮し，重要サプライヤーとの関係構築を全社的な優先事項として位置付けることで，組織全体が一丸となって戦略を推進することができる。また，経営層が重要サプライヤーとの対話に直接参加し，自社の方向性を語り，信頼関係を築くことで，サプライヤーからの信頼を得ることが可能となる。

以上が，買い手と売り手が相互認識した関係性の構築のポイントであるが，「サプライヤーとのビジネスパートナーシップ構築戦略」と題して，補論③ではより具体的な対応方法について詳述している。ぜひ，参考としていただきた

い。

[図表7－4] 重要サプライヤーとの戦略的なコミュニケーション

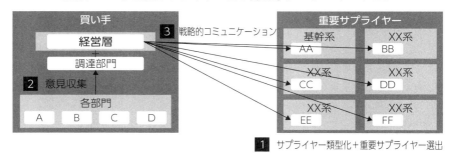

経営層が重要サプライヤーとの対話に直接参加
自社の方向性を語り，信頼関係を築く

第3節　サプライチェーン"Re"エンジニアリングによる構造改革

　第1節，第2節までで，高度化に向けた調達機能へのサプライヤーの巻き込みに向けて，サプライヤーとのコミュニケーションや相互認識の関係性構築について説明してきた。しかしながら，この議論は買い手企業が相対する目の前のサプライヤーを想定しての最適化議論であった。本節では，目の前のサプライヤー（Tier 1）よりも深い層のサプライヤー（Tier N）の管理とサプライチェーンリエンジニアリングについて解説する。

(1)　なぜTier Nサプライヤーの管理が必要か

　昨今の外部環境変化の中でも，「モノが入らない」「調達できない」という異常事態を引き起こした新型コロナウイルス感染症によるサプライチェーンの混乱は記憶に新しい。この混乱がきっかけで，当社にも，サプライチェーンリスクの可視化に対する問い合わせが急増した。

第7章　高度化に向けた調達機能へのサプライヤーの巻き込み　　207

　最初に整理しておくと，サプライヤーにおけるインシデントの発生確率は，Tier 1 サプライヤーよりも深い階層のTier 2 やTier 3 で起こることが多いことが，昨今の調査で明らかとなっている。さらに，仮にTier 1 より，深い階層のTier 2，Tier 3 などのサプライヤーに問題があった場合，その問題と責任はTier 1 サプライヤーだけでなく買い手企業も責任が問われることが，近年では当たり前になってきており，信用問題にも直結する。このような状況のため，サプライチェーンリスクの可視化とリスクが起こった場合の対応について，企業は準備しておく必要があり，その関心も高まっている。

⑵　従前型の調達リスク管理の限界と攻めの調達リスク管理

　従来のリスク管理手法といえば，特にTier 1 サプライヤーに限定した表層的な管理や事後対応型のBCP（Business Continuity Planning）対策が中心であった。しかしながら，今回のパンデミックにより，従来型のリスク管理は，結局は対症療法が中心で，現代の複雑なサプライチェーンに対応しきれていないことが明らかとなった。そこで，企業はTier 1 サプライヤーだけでなく，それより深い階層のサプライヤーを把握し，各サプライヤーのリスクを事前に管理する「攻めの調達リスク管理」が求められるようになった。このより深い階層のサプライヤーリスクの管理とその対応については，補論④にてより具体的に解説しているため，そちらを参照いただきたいが，このTier 1 の背後にあるサプライチェーンそのものに対する再構築の必要性については，ここで改めて認識しなければならないだろう。

　生態系の最適化の別議論として，目の前のTier 1 サプライヤーではなく，よりインシデントの発生確率が高い，Tier 2 以降の深い階層のサプライヤーのリスク管理とサプライチェーンの再構築に対する必要性について説明した。こちらも併せて検討いただくことで，サプライチェーン全体の最適化を実現し，持続的な成長と競争優位を築くことを目指していただきたい。

| 第4節 | 調達機能へサプライヤーを巻き込む上での経営の リーダーシップ |

　"高度化に向けた調達機能へのサプライヤーの戦略的な巻き込みが，企業全体の競争力を高めるために不可欠である"ということはご理解いただけたと思う。また，この取組みによるインパクトとして，"調達が単なるコスト削減の手段ではなく，企業全体の戦略に直結することや企業のリスクマネジメントにつながる重要な要素になりうる"こともご理解いただけたと思う。

　ただ，問題なのは，以上の前提があるにもかかわらず，特に日本企業では「売上」観点の話であれば，取引先である顧客との良好な関係作りを構築し，継続するために，会社として全社を挙げて様々な打ち手を打つにもかかわらず，「調達」の話になると，途端に取引先であるサプライヤーとの関係構築が，"調達部門任せ"になってしまうという点であろう。

　グローバル企業の経営層は，営業やマーケティングの対極としての調達の重要性を理解しており，経営にとっての必要性を理解した上で，調達機能へのサプライヤーへの巻き込みの関与についてしっかりと支援をしている。経営にとって忘れてはならない論点として再度認識すべきである。

　さらに，調達機能へのサプライヤーの巻き込みを実行へ移すとなると，これは容易ではない。調達の現場としては，サプライヤーの分析を行い，調達部門のアプローチ方法を検討し，システムなどのツールを活用しながら従来のコミュニケーションを抜本的に変え，戦略的に進める必要がある。これに加え，サプライヤーの巻き込みに向け，どのように経営が関与すべきか？　というポイントを本章のまとめとして解説する。

　調達機能へのサプライヤーの巻き込みには，社内的な観点と社外に対する観点の2つの難しさがある。まず，社内観点の難しさとしては，これまでは，それぞれの主管部門が独自のやり方でサプライヤーとのコミュニケーションを自由に行っていたことに対して，今後は調達部門が総合窓口となりコミュニケーションを図るなど，既存のプロセスや体制に対して見直しが必要となる点があ

る。この際，縦割り意識が強い日本企業では，組織間の強い抵抗が多々発生する。ここに経営として関与するのがポイントである。目指すべき姿に対する意思を全社へ発信するなど，経営のリーダーシップを示すことで，現場リーダーは錦の御旗を得て，全社的な変革が進めやすくなる。

次に，社外に対する観点がある。サプライヤーへのコミュニケーションにおいて，重要と認識されたサプライヤーへは戦略的なコミュニケーションやアプローチが必要になる。この場合，実行に移すとなるとサプライヤー側も取引強化を目論み，経営層が出てくるケースが増えてくる。その際，現場の調達部門に任せきりでは不十分で，企業全体の戦略に直結する調達活動にするためにも，重要サプライヤーに関しては，経営層が直接会話し，自社の戦略やビジョンを共有する機会を意図的に作り出すことで，サプライヤーの理解と協力を得るように仕掛けることが重要になってくる。このように"経営関与の場を作る"ことで，真の意味で，サプライヤーとの相互認識の関係性が深まり，共通の目標に向かって協力する体制を強固にすることができる。

"調達機能へのサプライヤーの巻き込み"に対する経営の関与は，調達機能の高度化を実現するための鍵になる。経営層がリーダーシップを発揮し，全社的な視点で調達戦略を推進することで，企業は持続的な成長と競争優位を築くことができるだろう。

補論③

サプライヤーとのビジネスパートナーシップ
構築戦略

　近年の環境変化を受け，調達条件をただ単に交渉し，一方的に相手を評価する関係性に留まるのではなく，売り手（サプライヤー）から見える買い手の評価も考慮することや，サプライヤーとの価値共創を見据えた関係構築が重要になりつつある。

　本補論では，PwCが提唱する「関係性の相互認識　可視化フレームワーク」を用いて買い手と売り手の関係性を確認し，サプライヤーと「相思相愛」の関係を実現するためのステップや方策や経営層が取るべき行動について述べる。

　まず，改めてSRMが注目されている背景から見ていこう。

① なぜ今SRMが再注目されているのか？

(1) 「取引先」から「運命共同体」へ

　私たちを取り巻く様々な製品において，核となるパーツは必ずしも製品の発売元のメーカーにて自社生産されているものとは限らない。例えば，電気自動車におけるEV電池や，スマートフォンやノートパソコンにおけるCPU，半導体チップなど，製品のコアとなっている要素をサプライヤーに委託生産しているケースも少なくない。

　これらのメーカーにおけるサプライヤーとの関係性は，いわば一取引先の枠を越え，戦略的合意のもと，「ビジネスパートナー（＝運命共同体）」に位置付けられているといえる。

　本補論では，変化の激しい時代において，上記のような買い手と売り手がwin-winな関係を構築していく際の企業としてのチャレンジについて記載して

いく。

⑵　外部環境の激しい変化に揺らぐ供給網

　近年，世界的な新型コロナウイルス感染症の拡大，ウクライナ紛争の長期化，米中の関係悪化，台湾情勢，自然災害の甚大化など，地政学リスクも含めた様々な問題が散見されており，サプライチェーンへの影響は無視できない。
　これまで原価低減を第一に海外生産・現地調達を進めてきた企業であっても，供給の安定化の視点での生産拠点やサプライヤーの見直しや，国内の供給網の再確立を視野に入れるなど，安定調達の実現に必要な要件も変化してきており，供給懸念が絶えない企業も多いのではないだろうか。

⑶　サプライヤーの取り合い，買い手と売り手の相互認識の変化

　前述のとおり，外部環境変化が激しく，サプライチェーンも混乱をきたす中，各企業はさらなる安定調達，付加価値を求めて，グローバル視点でビジネスパートナーを探している。これまで国内に閉じていたサプライヤーの獲得競争も，今やグローバルでの取り合いに発展している。
　このような状況下で，自社との取引を重要視してもらい，取引を継続・拡大していくにはどのような打ち手が必要なのだろうか。
　意識すべき重要な要素の1つに，買い手と売り手の相互認識がある。言い換えると，自分が相手をどのように見ているか，また相手からどう見られているかといった双方の視点である。
　これまで買い手と売り手が上下関係に近い形，いわゆる買い手優位な調達が成立していた領域に関しても，環境の変化からサプライヤー優位な調達へとバランスが逆転しつつある。
　これまで自社からの視点，すなわち買い手からの一方的な評価に留まっていた企業も，サプライヤーから自社がどのように見られているかの視点を併せ持ち，この2つの視点で総合的に検討することが必要である。

⑷　関係性の相互認識を意識した調達戦略の重要性

　買い手と売り手の相互認識を意識した調達戦略は，企業の収益性・競争力に

補論③　サプライヤーとのビジネスパートナーシップ構築戦略　213

影響を与える。相手からどう見られているのかを意識せず，通常どおりの調達
をした結果，大事な取引先に逃げられてしまえば，企業の大きな損失になりか
ねない。一方で，有効な関係性を長期的に構築できれば，企業の安定性の向上
や新製品の誕生などの可能性が高まり，ひいては企業の社会的競争力の強化，
企業の持続的な成長にもつながるだろう。

　では，上記のような調達戦略をどのように立案していくか。この際に利用す
るのが，SRM（サプライヤーリレーションシップマネジメント）である。こ
れは買い手と売り手が互いに相手をどのような対象と位置付けているのかを考
慮したモデルであり，自社の立場や戦略を見直す上で有効な体系的アプローチ
である。ここからは，SRMについて説明していく。

② サプライヤーリレーションシップマネジメント（SRM）とは

　SRMとは，自社のビジネス戦略に合わせてサプライヤーを評価・管理し，
パフォーマンスやイノベーションを向上させるための体系的手法であり，サプ
ライヤーとの関係を構築・管理し，その価値を最大化するアプローチを指す。

　このアプローチを行うメリットには，自社と戦略的サプライヤーの双方のパ
フォーマンス向上による事業の競争力の強化を目的としたQCDの向上に加え，
ロイヤリティの強化，イノベーション向上などが挙げられる。

　SRMは，3つのStep（図表③-1参照）に分けることができる。Step 1は
買い手と売り手の関係性の相互認識の理解，Step 2は関係性の相互認識に基づ
いた戦略策定・実行，Step 3は関係性の相互認識の維持・向上である。

[図表③ - 1] SRM実行の3 Step

Step 1 売り手と買い手の 関係性の相互認識の 理解	Step 2 関係性の相互認識 に基づいた 戦略策定・実行	Step 3 関係性の相互認識の 維持・向上

実行のポイント

✓ フレームワークの活用	✓ 短期的な戦略実行	✓ 中長期的な戦略実行
✓ 関係性の相互認識の把握	✓ パートナーシップ構築	✓ 取組みの効果検証
✓ 自社の立場の理解	✓ 相互認識のGap分析	✓ ネクストアクションの検討
✓ 要対応サプライヤーの把握	✓ Gap解消に向けた施策実行	✓ 取組み内容や対象の見直し

　Step 1 では，買い手のサプライヤーポートフォリオと売り手のクライアントポートフォリオを照らし合わせ，双方の見解とそのずれを理解する。Step 2 では，関係性の相互認識を変えていくための短期的方策の検討と実行，Step 3 では，関係性の相互認識を変えていくための中長期的方策の検討と実行を行う。

　ここから，具体的な双方の関係性の確認方法を説明していく。売り手の視点を取り入れる際の一助になればと考える。

③ Step 1 ：売り手と買い手の相互認識の理解

(1) 関係性の相互認識の可視化フレームワークの活用

　Step 1 では，「サプライヤーセグメンテーション」と「クライアントセグメンテーション」の2つの枠組みで構成される「関係性の相互認識の可視化フレームワーク」（図表③ - 2 参照）を活用する。まず，「サプライヤーセグメンテーション」を用いて有益なサプライヤー，自社にとっての相対的に重要なサプライヤーを洗い出す。その後の戦略を検討するために，「クライアントセグメンテーション」を用いてそのサプライヤーから見た自社の立ち位置を分析する。前者は調達戦略，後者はサプライヤーの営業戦略であり，鏡合わせの関係にある。

　サプライヤーとの関係性構築には，相手側からどう見られているかを踏まえ，付き合い方を考えていくことが重要であり，互いが互いをどう見ているのか認識することが真のSRMのスタートラインである。

[図表③-2] 関係性の相互認識の可視化フレームワーク

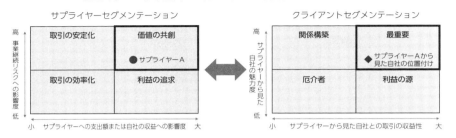

(2) 自社のサプライヤーポートフォリオの把握

まず、自社から見た取引先の位置付け（＝サプライヤーポートフォリオ）を整理する。これには、上記フレームワーク左側の「サプライヤーセグメンテーションのフレームワーク」（図表③-3参照）を利用していく。

[図表③-3] サプライヤーセグメンテーションのフレームワーク

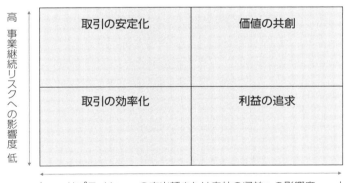

サプライヤーセグメンテーションは、「サプライヤーへの支出額または自社の収益への影響度」と「事業継続リスクへの影響度」の軸から、サプライヤーを「価値の共創」（右上）、「取引の安定化」（左上）、「利益の追求」（右下）、「取引の効率化（左下）」の4象限に分類する。

それぞれの象限の位置付けは、以下のとおり。

- 価値の共創：

  事業上不可欠な業務の一部を提供する高付加価値でかつ，事業継続リスクへの影響度が高いサプライヤーであり，自社にとってなくてはならない最重要なサプライヤーが分類される。他の取引先や自社の競合他社との差別化が必要。

- 取引の安定化：

  取引規模は大きくないものの，事業運営には必要不可欠かつ，事業継続リスクへの影響度が高いが，取引における付加価値は低いサプライヤーが分類される。例えば，特注ソフトウェアや陳腐化した部品のサプライヤーなどが該当する。安定調達化に向けた工夫が必要。

- 利益の追求：

  事業継続リスクへの影響度は比較的低いと判断されるサプライヤーが分類される。例えば，旅行代理店などが該当する。コストの刈り取り余地がないか検証が必要。

- 取引の効率化：

  事業継続リスクへの影響度が低いかつ，付加価値の低いサプライヤーが分類される。例えば，事務用品のサプライヤーなどが該当する。他の領域への対応に重点を置けるよう，取引の効率化を図ることが必要。

(3) サプライヤーから見た自社の立場の理解

次に，サプライヤーにとっての自社の認識を確認する。

これには，以下の「クライアントセグメンテーションのフレームワーク」（図表③-4参照）を用いる。

[図表③-4] クライアントセグメンテーションのフレームワーク

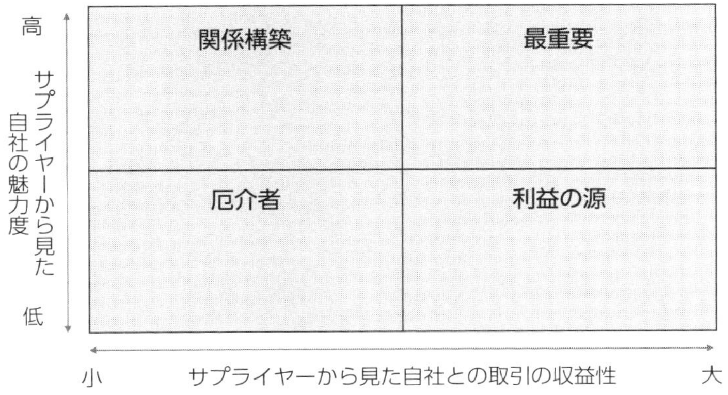

関係構築	最重要
厄介者	利益の源

縦軸: サプライヤーから見た自社の魅力度 (高←→低)
横軸: サプライヤーから見た自社との取引の収益性 (小←→大)

　クライアントセグメンテーションのフレームワークは，「サプライヤーから見た自社との取引の収益性」と「サプライヤーから見た自社の魅力度」の2軸で整理される。これにより，クライアントは，「最重要」（右上），「関係構築」（左上），「利益の源」（右下），または「厄介者」（左下）の4つに分類される。それぞれの位置付けについて説明する。

- ●最重要：
  サプライヤーが自社に魅力を感じ，ビジネス上不可欠と考えている場合，この領域に分類される。他のサプライヤーへの横展開を行うべく，「最重要」となった要因分析を進めることや，「最重要」の認識が継続するよう，取引の拡大や長期化を検討することも重要である。
- ●関係構築：
  サプライヤーが自社と今後さらに関係構築をしていきたい，営業戦略上，開発対象とみなしている場合に，この領域に分類される。この領域のサプライヤーに対しては，支払条件の改善や共同製品開発（知的財産権の共有）などを検討することも重要である。
- ●利益の源：

この領域のサプライヤーは，自社のことを利益の獲得がしやすい相手と見ている傾向にある。サプライヤーは様々な方法で，自社に対し，利益の獲得を狙う可能性がある。最もわかりやすい例は頻繁な価格上昇の要請である。競争環境を構築するべく，有力な代替先の検討が必要である。

● 厄介者：

サプライヤーが自社を「厄介者」，つまり取引上の困りごと等があり，できるだけ付き合いたくないと考えている場合はこの分類である。今後，問題が発生する可能性もあるサプライヤーの認識を「最重要」または「関係構築」に変えるために，取引金額の見直しや取引期間の延長などといった策を講じる必要がある。また，取引先を見直すことを視野に入れることも一案である。

例えば，価値の共創にプロットされた最重要サプライヤーが，自社を右上の象限の「最重要」と認識していれば，自社は，サプライヤーから最重要のコアな顧客として扱われていることとなり，"相思相愛"の関係であることがわかる。

一方で，その他の象限にマッピングされている場合は，自社への認識を踏まえて最重要顧客と認識されるための対応を検討する必要がある。

このように，買い手と売り手の間で認識のずれが生じている際の対象サプライヤーを本補論では，「要対応サプライヤー」と呼ぶこととする。

(4)　要対応サプライヤーの洗い出し

ここからは，要対応サプライヤーの洗い出し方法について検討する。

ここで，各軸に点数を振り分け，それぞれの象限の重要度・注目度合いを定量化してみるとする（図表③－5参照）。

サプライヤーセグメンテーションを見ると，事業継続リスクへの影響度が高い上段は2点，下段は1点。サプライヤーへの支出額または自社の収益への影響度が大きい右半分は2点，左半分は1点とし，クライアントセグメンテーションも同じように点数を振り当てる。すると，象限ごとの点数としてサプラ

イヤーセグメンテーションの「価値の共創」であれば2点＋2点＝4点のスコアとなる。

[図表③－5] 関係性の相互認識の定量化

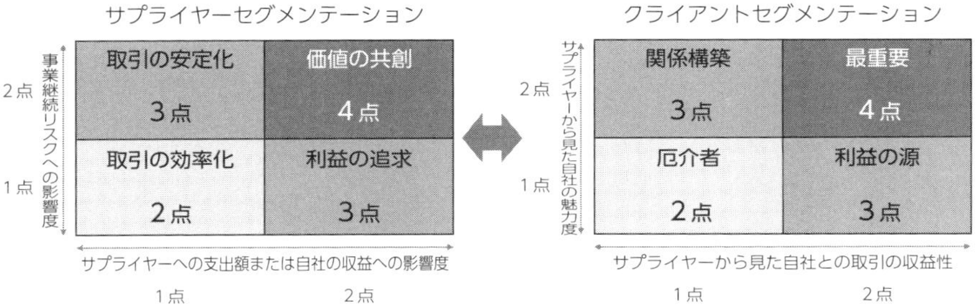

サプライヤーセグメンテーション

	取引の安定化 3点	価値の共創 4点
取引の効率化 2点	利益の追求 3点

事業継続リスクへの影響度（2点／1点）

サプライヤーへの支出額または自社の収益への影響度（1点／2点）

クライアントセグメンテーション

	関係構築 3点	最重要 4点
厄介者 2点	利益の源 3点

サプライヤーから見た自社の魅力度（2点／1点）

サプライヤーから見た自社との取引の収益性（1点／2点）

　これにより，サプライヤーとクライアント双方で認識している重要度が点数化できる。この点数を買い手と売り手の認識を軸に置き換えた表（図表③－6）に落とし込むと，双方のギャップの有無が明確となる。右肩上がりの対角線上にあるマス（両者の点数が同じマス）は，買い手と売り手の認識"ギャップ"が生じていない，つまり相互認識にズレがない領域である。特に右上のマスは，両者にとってお互いが重要なパートナーと認識している"相思相愛"の関係である。この関係をもとにさらなる価値を共創していくことが有効である。一方で，この右肩上がりの対角線から外れたマスでは，互いの認識に差が生じている，いわゆる"片思い"の関係性である。"片思い"の際には対応には注意が必要ということがわかる。

[図表③-6] 関係性の相互認識 ギャップマトリクス

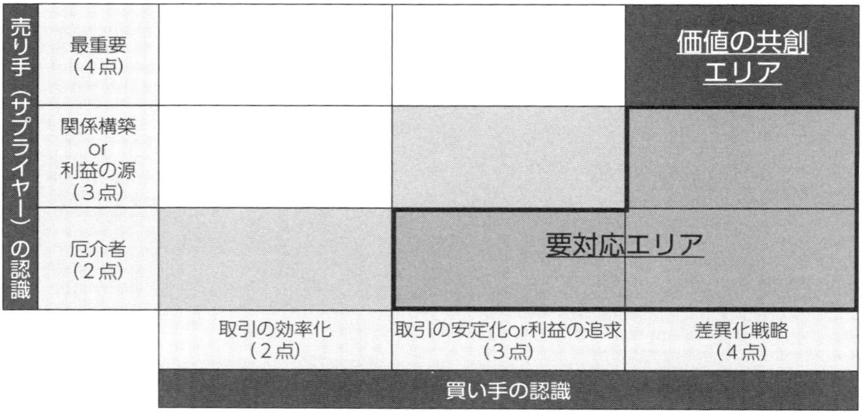

売り手（サプライヤー）の認識		取引の効率化（2点）	取引の安定化or利益の追求（3点）	差異化戦略（4点）
	最重要（4点）			価値の共創エリア
	関係構築 or 利益の源（3点）			
	厄介者（2点）		要対応エリア	
		\	買い手の認識	

また，特に注意すべきは，買い手から見た点数は高いにもかかわらず，売り手の点数が低い場合であり，図表③-6の要対応エリアにマッピングされたサプライヤーである。

4 Step 2：関係性の相互認識に基づいた戦略策定・実行

(1) 短期戦略の方向性

Step 2は，価値の共創エリアにおいては，"相思相愛"のサプライヤーとの，具体的な価値の共創方法について検討・実行するStepである。また，要対応エリアに関しては，社内の利害関係者，サプライヤー，調達部門間での短期の戦略策定であり，現在の関係性，すなわちギャップのある状態の解消をゴールとし，戦略を検討・実行するStepに当たる。

① 価値の共創エリア

このエリアに該当するサプライヤーは，すでに相互認識的にwin-winの関係となっている。とはいえ，現在の状況に満足するのではなく，さらなる発展に向けた戦略実行が望まれる。

補論③　サプライヤーとのビジネスパートナーシップ構築戦略　221

　具体的には，両者のメリットの追求，戦略提携や共同改善プログラムの具体化を推進するなど，将来のビジョンを共有し，協力し合える領域の拡大を模索し続けることも重要である。

　また，契約上のコミットメントだけではなく，サプライヤーとの協働やコミュニケーションを効率化させ，事業推進スピードおよび品質の向上を目指す必要がある。そのために，様々な形でのパートナーシップを模索し，関係性を名実ともに強固なものにすることも重要である。

　サプライヤーとの関係構築・パートナーシップ形態としては，M&Aやアライアンス提携など，いくつかの方法がある。M&Aは，合併や買収の総称であり，アライアンスは，複数の企業が利益創出のために，経営や事業において協力し合うことを指す。大きく異なる点としては，M&Aは経営権や支配権を買い手企業が持つのに対し，アライアンスの場合はそのような権限の移転は発生しないことといえる。

　上記の特徴からも，価値の共創エリアのサプライヤーとは，win-winな関係構築のために，アライアンス提携を結ぶことも一案である。

　この際，資本提携・業務提携・技術提携など，いずれのパートナーシップ形態をとる場合でも，将来的なビジョンをサプライヤーと共有し，サプライヤーから賛同を得られることで初めて連携が成立する。自社の立場やサプライヤーの得意・不得意を把握した上で，自社のビジョンの実現に適したパートナーシップを設定することが重要である。

② 要対応エリア

　このエリアのサプライヤーに対しては，相互認識のギャップを埋めるアクションが必要である。相手の不満を解消しつつ自社のPRを行うこと，ビジネスの機会を拡大していくことが重要となる。

　これには，サプライヤーとの接点を洗い出し，ギャップが生じている要因分析を行うのはもちろんのこと，互いのビジョンを共有し合う場を設け，共感する点や共通点を見出すことから始める必要があるのではないだろうか。

　例えば，自社の経営や調達方針に関する説明会への招待，上位職による１対１での意見交換などが挙げられる。場合によっては，自社が対象のサプライ

ヤーをいかに重要視し，ともに何を成し得ていきたいか思いを伝えることも重要である。

また，直接サプライヤーにヒアリングすることで，ギャップの原因が特定できれば問題ないが，なかなか難しい場合は，コンサルティング会社や調査会社など，第三者機関を活用した匿名でのVOS（Voice of Suppliers）調査を行うことで，サプライヤーの声を吸い上げることも一案である。

ギャップの要因や認識のすり合わせができれば，次はそのギャップを埋めるべく，実際の取引に改善の取組みを反映させる必要がある。例えば，納期の設定の見直しや，支払条件の改善，担当窓口の対応や見積依頼スケジュールの見直しなどが考えられる。

また，既存の取引自体を改善していくこともちろんだが，新しい取引や新たな仕様に目を向けることも重要である。例えば，既存の仕様の取引だけでなく，相手の得意分野や今後力を入れていきたい分野を踏まえて，取引の仕様をアップデートしていくこと，そのための中長期的な段取りを検討することも一案である。そのために，自社起点での取引の問題点解消だけに留まらず，相手がどのようなビジョンをもって何を成し得ていきたいのかについても，意見交換やVOS調査の中で吸い上げることも重要である。

5 Step 3 ：関係性の相互認識の維持・向上

(1) 中長期的戦略の方向性

Step 3 では，中長期的な関係性の相互認識の戦略的なシフトについて検討していく。

① 価値の共創エリア

短期的な戦略にて価値の共創を図った後，中長期的にはこの関係性が維持されるよう，継続的な努力が必要である。

経営レベルでの定期的なOne-on-Oneの意見交換はもちろんのこと，協業効果の検証や，振り返り，市場分析を踏まえながら，互いの知恵を出し合う場を

定期的に設け，取組みのブラッシュアップを続けることが重要である。自社での分析も必要だが，互いが互いの利益を最大化するべく，場を共有することで一体感が生まれるとともに，課題の早期発見や，信頼感獲得にもつながると考えられる。

　また，Step 2 で説明したパートナーシップに関しても締結がゴールではない。互いの経営方針や事業変化も踏まえた上で，最適な形態や最適なパートナーを定期的に再考することも重要である。この際，年次でのサプライヤーのパフォーマンス評価や経営状況，ESG等の社会課題への取組み状況も踏まえた，慎重な判断も忘れてはならない。

② 要対応エリア

　相互認識のギャップを埋めるアクションを起こした後は，その結果を確認し，対象の見直しや，次なる一手を打つ必要がある。

　まず，定期的に関係性の相互認識を確認し，最新のギャップを確認する。この時，相互認識が一致していれば「要対応」フラグは解除となる。

　一方で，解除とならなかった場合は，短期的な打ち手の効果検証を行い，次なる打ち手を検討する必要がある。現場担当をはじめとした関係者から広く意見を吸い上げるアンケートを行うことも有効だ。

　また，"片思い"のサプライヤーに振り向いてもらうことに躍起になるのではなく，相互認識が一致しているサプライヤーへ切り替えていくアプローチを視野に入れることも一案である。

　要対応エリアでは，対象サプライヤーを再スクリーニングの上，取組みの効果の検証，ギャップの要因分析を行うことや，広く社内の意見を吸い上げ，継続的に打ち手を見直すアプローチが重要である。

(2) 戦略成功に向けたポイント

　短期，中長期に共通することではあるが，戦略の成功の鍵は，4つである。

　1つ目は，中長期的（3〜5年間）な時間軸で関係を築くための展望を描くことである。SRMのStepにもあるとおり，短期的な計画を立てるだけでなく，中長期的な改善施策を検討することが重要である。

2つ目は，コミットメントが明確に文書化されることである。これは社内の
ステークホルダーとの認識を一致させるという側面に加え，社外のサプライ
ヤーとの関係性や取決めを明文化しておくという重要な意味を持つ。

3つ目は，社内のステークホルダーからコミットメントを求めることである。
単独の部門で実現できるアクションは限定的であり，経営層や関係部署を巻き
込んだ戦略実行が重要である。

4つ目は，戦略を実行して完了とせず，課題の検知，計画立案，実行，モニ
タリング，成果の検証・見直し，などといったサイクルを継続的に回していく
ことである。

6 SRM実現に向けた経営層のサポート

売り手と買い手の相互認識を把握し，ズレの有無に着目した上で手を入れる
べき対象を特定し，認識のズレを解消していくことの意義についてご理解いた
だけただろうか。

また，自社の調達部門に本フレームワークを共有することで，要対応サプラ
イヤーの特定や戦略実行が可能か，改めて考えてみていただきたい。

サプライヤーポートフォリオを整理するための情報や，情報収集のための調
達部門の権限や関係部門との関係性，情報収集後の分析スキル，調達部門への
自社のビジョンの共有や浸透など，真のSRMが実現しない要因は，概して上
記のような要素が不足していることにある。調達部門が自由に動ける環境が整
うよう，経営層がサポートすることも肝要である。

また，調達部門とビジョンを共有しながら，裁量権を与えるだけでなく，社
内外のステークホルダーとの接点に経営層が自ら出向くことも，有効である。
繰り返しとなるが，調達の現状と経営との接点を改めて振り返っていただきた
い。

サプライヤーとの関係構築の方法や形態は様々だが，共通しているのは双方
の利益や価値を創出することである。調達部門は社内・社外のステークホル
ダーが抱えているニーズや課題を理解し，信頼関係を築く上で，今後，より重
要な役割を果たしていくべきである。一方で，日本の調達部門に目を移すと，

ビジネス部門の協力を得ることに苦労している企業もあれば，調達に必要な権限を持てないケースもあり，調達の本来の役割を果たしにくい，歯痒い思いをしている調達部門も少なくないと感じる。

調達部門は，社内外のハブとなるべき組織である。経営層は調達の本来の役割・力を発揮できるよう，情報基盤の整備をするとともに，組織の位置付けを変えていくべきではないだろうか。

補論④

サプライチェーン "Re" エンジニアリング
〜サプライヤー階層の構造分析を起点とした
##　 サプライチェーンの最適化

　2020年以降，様々な外部要因によってサプライチェーンが分断され，多くの企業は安定調達の問題に直面し，調達部門は部品の納期確認・調整の対応に追われた。結果として，調達する商品・部品などの長納期化や生産遅延が起こり，納期短縮の対策として部品の単価を2倍まで引き上げて優先供給の交渉をする企業もあった。

　何が問題だったのだろうか。

　これまで多くの日本企業の調達部門はTier 1（一次）のサプライヤーを対象としてBCP（Business Continuity Planning：事業継続計画）中心のリスク対策を行ってきたが，Tier 1 サプライヤーだけの表層的な管理，限定的な調達リスク管理，BCPのような事後対策では不十分だったというのが近年の認識ではないだろうか。問題が起きてから状況の把握や対策を検討する「守りの調達リスク管理」はもう時代遅れである。

　ではどうすべきだろうか。

　Tier 1 サプライヤーだけでなくサプライヤー階層全体を把握し，加えてそれぞれのサプライヤーのあらゆるリスクを事前に管理できていたとしたらどうだろうか。リスクが疑われるような場合には未然に対策を施すことができ，仮に問題が起きてしまった際には，事前に対策を検討して準備していれば，対策を即座に打てたはずだ。これからはこのような「攻めの調達リスク管理」の時代となる。

　本補論では，事前対処による安定調達の実現に向けたサプライチェーンの最適化について，サプライヤーの対面にいる調達部門だからこそできる方法論を，グローバルのトレンドを含めてご紹介していきたい。

1 調達リスク管理の推移

(1) 旧来の調達リスク管理

　これまでの調達リスク管理は，Tier 1 サプライヤーを中心とした以下の3つであった。

- ✓　サプライヤーの財務リスク管理
- ✓　サプライヤーの品質管理
- ✓　BCP（Business Continuity Planning）対策

　財務や品質面においては，サプライヤー評価や工程監査を定期的に行い，リスクマネジメントを図ってきた。BCP対策は，2011年の東日本大震災を契機に多くの企業が重要性を再認識してBCPの導入や強化に取り組むようになった。

　しかし，これらの調達リスク管理だけで2020年以降，どれだけの企業で安定調達の課題を迅速に乗り越えられただろうか。新型コロナウイルス感染症（COVID-19），気候変動による自然災害，地政学リスクなど様々な問題がサプライチェーンに影響を与え，多くの企業が部品・部材や製品・商品を入手できずに顧客への供給遅延を引き起こした。

　日本の企業の多くが特に力を入れてきた事後対応型のBCP対策は，昨今の複雑な要因でサプライチェーンが分断されるような問題には対処できないと，ここ数年の経験で痛感したはずだ。にもかかわらず，未だに対策を施せていない企業が多くみられるのはなぜだろうか。

(2) 昨今の管理すべきリスクと複雑性

　2020年までは，サプライヤーの財務リスクとオペレーションの管理を徹底すれば調達は安定した時代であった。しかし2020年以降のCOVID-19のパンデミック，インフレ，ロシアによるウクライナ侵攻など，不確実性の高い時代においては，これまでの2つのリスクに加え，地政学リスク，輸出規制，サイバーリスク，サステナビリティなど，様々な対応が強く求められるようになり，調達リスク管理は複雑で多様化している。

[図表④-1] 管理すべきリスクの推移

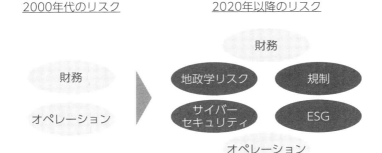

　すべてのリスクを管理する必要があるが，多くの企業は未だに財務リスクやオペレーションリスクなど一部の調達リスク管理に留まっている。最近では企業の社会的責任（CSR）の一環から，株主などステークホルダーからの圧力が高まり，ESGに力を入れている企業が少しずつ増えてきたが，それだけでは調達リスク管理は不十分である。

2　管理すべきサプライヤーの対象

(1)　Tier 1 サプライヤーのみを管理することの限界

　これまでも現状もそうだが，調達リスク管理についてTier 1 サプライヤーだけを対象としている企業が相変わらず多くみられる。2020年以前はそれで乗り切れたかもしれないが，昨今の経験からそれでは乗り切れないと気が付いたはずだ。今後は間違いなくTier 1 サプライヤーだけでなく，末端のTier Nサプライヤーまで管理する必要があるだろう。

　例えば，Tier 2 サプライヤー以下のサプライヤーが環境問題や社会的課題を抱えていた場合，Tier 1 サプライヤーだけでなく発注側の責任も問われ，信用問題につながる。Tier 2 サプライヤー以下のサプライヤーがサイバーリスクの問題を抱えていた場合，昨今，工場のIoT化が進んだことで，生産設備がサイバー攻撃を受けて製造中止となるなど，Tier 1 サプライヤーが部品を調達でき

ず，その影響が発注者に及ぶだろう。

このように，当たり前ではあるがインシデントが起こるのはTier 1 サプライヤーだけではない。Tierの階層が深まれば深まるほどサプライヤーの数が増えることで，逆にインシデントの発生率は，Tier 1 サプライヤーよりTier 2 サプライヤー以下のほうが高くなると考えられている。

[図表④ - 2] サプライヤー階層のブラックボックス化

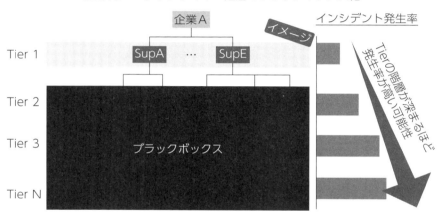

実際，納期確認としてTier 1 サプライヤーに状況を確認した際，どれほどのTier 1 サプライヤーが明確にかつ迅速に回答できただろうか。Tier 1 サプライヤーもTier 2 サプライヤー以下がブラックボックス化していることで状況がつかめず，発注者が回答を受領するまでに多くの時間を要するような状況が散見されたのではないだろうか。

Tier 1 サプライヤーだけの管理をこのまま継続していては，徐々に時代に取り残されていくだろう。

補論④　サプライチェーン "Re" エンジニアリング　　231

③ 最新の調達リスク管理システムと日本企業の状況

(1)　調達リスク管理のグローバルトレンド

　昨今の複雑で多様化した様々なリスクをサプライヤー階層の末端まで管理するとなると，表計算ソフトなどの台帳を使ったアナログ管理は現実的ではなく，システムが必要不可欠である。

　日本国内では，これまでにも，Tier 1 サプライヤーを中心にサプライヤー階層と生産場所を可視化するようなシステムは存在しているが，BCP対策に特化したシステムとなっている。あくまでも震災などを想定して開発されたもので，管理できるリスクや使い道は限定的である。

　一方，グローバルの調達管理システムは日本と大きく異なる。事後対策を念頭に置いたシステムではなく，思想が根本的に違うのである。サプライヤー階層を構造化して全体を捉え，未然にリスクを検知する思想となっており，すでにそのようなシステムがいくつかリリースされている。一部のグローバル企業はすでに導入を進めており，調達リスク管理は日本より大きく進んでいる状況だ。

　システムベンダーによって機能や仕様のレベル感は異なるが，以下のような機能がある。

◇　全リスクを 1 つのシステムで一元管理し，ダッシュボードでモニタリング

◇　Tier 1 サプライヤーだけでなく，末端のTier Nサプライヤーまでのサプライヤー階層を可視化

◇　Tier 1 サプライヤーからTier Nサプライヤーまで，サプライヤーごとにリスクを定量，定性の両面で評価

◇　リアルタイムにデータを更新

◇　機械学習可能なAIモデルを搭載

［図表④ - 3］グローバルの調達リスク管理ツールのイメージ

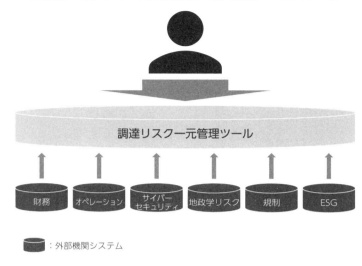

［図表④ - 4］サプライヤー階層の可視化とサプライヤー単位のリスク判定

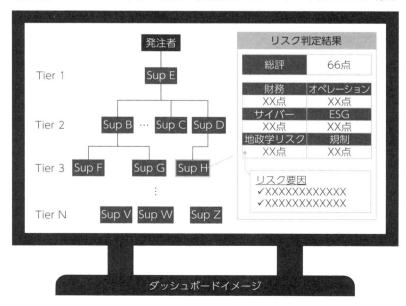

補論④　サプライチェーン "Re" エンジニアリング　233

　ここまではグローバルの先進事例となっているが，日本企業では次のような
ことが起こっている。

(2)　日本の調達リスク管理の運用実態

　ほとんどの企業は，財務リスクやオペレーションリスク，ESGなど，それぞ
れのリスクごとに外部機関とライセンス契約をしている。これにより，以下の
ような問題が社内で起こっている。

---

　i．財務ツールの契約元は経理や財務部門が保有することがあるため，そ
　　れぞれが別々に管理および運用をしている。
　ii．調達部門は情報がほしい際（特に定期的なサプライヤー評価の時など）
　　にライセンス契約部門に情報提供依頼を行い，情報を収集している。
　iii．仮に調達部門ですべてのライセンスを所有していた場合，システムご
　　とにアクセスが必要で調査工数の負荷が大きく，あまり活用されなく
　　なっている。
　iv．すべてのリスクではなく，一部のリスク管理に留まっている。
　v．リスクの見極めに関しては，どこまでがOKでどこまでがNGか，社内
　　規定やルールが明文化されていないことで判断基準が曖昧となり，担当
　　者のスキルや経験値に依存してしまっている。
　vi．リアルタイムの管理が難しく，特に海外サプライヤーの情報取得には
　　苦労している。

　以上のように，多くの日本企業では調達リスクを一元管理する環境が整って
いない状況であるため，ぜひグローバルのトレンドを参考にしていただきたい。

4　事前のリスク検知に向けた基盤整備

　当然の話だが，どんなシステムも導入すれば課題が解決されるものではない。
調達リスク管理システムを導入する際には以下3つの準備が必要となる。

(1) 管理対象とするサプライヤーもしくは部品・商品の選定
(2) 管理すべきリスクの選定と評価基準の定義
(3) 調達リスク管理のプロセスの構築

(1) 管理対象とするサプライヤーもしくは部品・商品の選定

まずは調達リスク管理の対象となるサプライヤーや部品・商品の選定が必要だろう。大手企業ともなると，取引しているサプライヤーの総数は何万にも及ぶこともあり，全サプライヤーや全部品・商品を対象とするのでは，リソース不足に陥り，現実的に対応することはほぼ不可能だ。

売上や顧客への供給に影響を与えるような重要性の高い部品・商品の安定調達を図ることが本来の目的であるため，影響がまったくないモノに時間を取られてしまい，本当に重要なモノが埋もれてしまっては元も子もない。

調達リスク管理の対象とするサプライヤーや部品・商品の選定時のポイントとしては，営業戦略，技術戦略，調達戦略の3つの視点から以下のような要素を含めて総合的に検討するとよいだろう。

- 代替が効かない／効きにくい
- 競合他社と差別化を図っている
- 調達量もしくは調達金額が大きい
- 構成品が電子部品・樹脂部品・金属部品・ゴム部品など業界が多岐に跨っている部品
- 調達リスクが高いとあらかじめわかっている部品・部材
- これまでの取引実績で懸念があるサプライヤー

[図表④-5] 調達リスク管理対象とする部品やサプライヤー選定の流れ

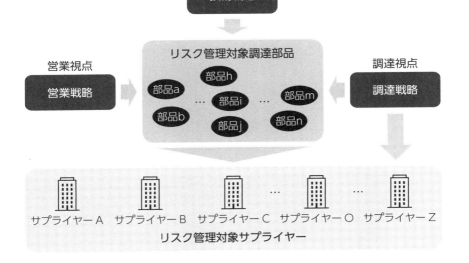

(2) 管理すべきリスク項目の選定と評価基準の定義

部品・部材によって管理すべきリスクやリスクごとの重要度は異なってくるだろう。よって，まずどのリスクをどういう基準で管理していくか定義する必要がある。基準がなければ，リスクが定量評価されたとしても，現場の担当者は良否の区別ができない，もしくは担当者によって判断にバラつきが生じるため，担当者のスキルに依存しないような仕組みを考える必要がある。例えば，稀であり極端であるがわかりやすい例として，構成品の中に輸入部品が存在せずサプライチェーンのすべてが日本国内の場合，規制や地政学リスクの重要度は低くなる，といったものだ。

(3) 調達リスク管理のプロセスの構築

最後に調達リスク管理のプロセスやルールを構築し，規定やガイドラインに落とし込むことが必要だ。プロセスやルールを定めずにスタートしてしまうと

対応方法は属人化し，そもそも対応方法がわからない担当者は何もアクション
を起こさないだろう。これでは運用は定着しないどころか，まともな調達リス
ク管理ができないのは明らかだ。調達リスク管理のプロセス構築に向けて必要
な取組みを以下にいくつか挙げておく。

■ 業務フローの構築
  ➤ダッシュボードによるモニタリングの方法と頻度の設定
  ➤リスク解決までのタスクの整理
  ➤タスク単位で部署ごとの役割と責任の明確化
  ➤リスクの重要度に応じたレポートラインの設計
■ ガイドラインの策定
  ➤調達リスク管理の目的や目標に向けた指針の策定
  ➤管理対象サプライヤーと部品・部材の選定基準の明文化（前述(1)）
  ➤リスク管理項目の選定と評価基準の明記（前述(2)）
  ➤リスク解決に向けたアプローチ方法の確立（後述5の内容）
  ➤リスク対策レポートのテンプレート標準化

　以上のような調達リスク管理の業務基盤作りはとても重要であり，必ず構築
しなければならない。加えて，調達リスク管理だけの業務にとらわれるのでは
なく，もっと視座を高く持つことも大事である。例えば，この調達リスク管理
の結果を調達部門の年次計画へ反映したり，ソーシング戦略，サプライヤー評
価・管理などにも活かせるような仕組みがあると，業務間のつながりができ，
組織の一体感が生まれるため，調達組織はより強化されるだろう。
　次は，リスクが実際に検知された際，どのようなアクションをとるべきかに
ついて述べる。

5　リスク検知後に取るべきアクション

　ある階層のサプライヤーにおいて，定めた評価基準を満たさないリスクの高

いサプライヤーが特定された場合の進め方を以下に挙げる。システムによって仕様が異なることで順序に違いが生じることもあるが、やるべき内容に大きな差はないため、考え方の参考として捉えていただきたい。

(1) "リスク"と判定された事象と要因の整理
(2) Tier 1 サプライヤーと対象部品・商品の特定
(3) 納期影響度と生産・販売への影響度の分析
(4) 対策の検討と実行

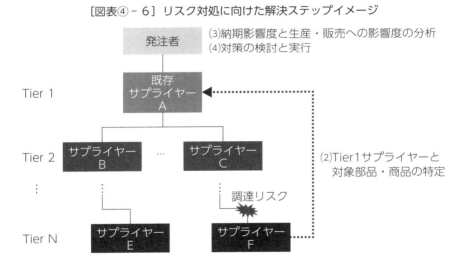

[図表④-6] リスク対処に向けた解決ステップイメージ

(1) "リスク"と判定された事象と要因の整理

まずはリスクと判定された詳細を確認することが重要だ。財務リスクは定量情報が正となるためそのまま受け入れてよいが、システムやリスクの管理項目によってはAIがwebにある世界中の膨大なデータから判断していることもあり、フェイクニュースが含まれている可能性がある。よって、なぜその評点になっているのか事実確認をしたほうがよいだろう。例えば、地政学リスクや規制は本当にそれが事実として起きているのか・起こりうるのかなど、デスク

トップリサーチなどによる事実確認が必要だ。リサーチでも事象や要因がつかめなかった場合には，少ない情報からでも仮説を立てられるのであれば仮説を立て，その上でサプライヤーや外部機関に事実確認の問い合わせすることも，場合によっては必要となるだろう。

(2) Tier 1 サプライヤーと対象部品・商品の特定

次に，リスクありと判定された対象サプライヤーに紐付くのはどのTier 1 サプライヤーであり，対象となる部品や商品が何か，可視化されたサプライヤーツリーを活用してリスク対象のサプライヤー起点にそれぞれを特定する。

(3) 納期影響度と生産・販売への影響度の分析

続いて，対象部品などが明確になったところで，Tier 1 サプライヤーからの納期情報と自社の在庫情報を合わせて影響度（生産計画や販売計画への影響レベル）を分析する。検知されたリスクが必ずしも対象となる部品・商品に影響を与えるとは限らないが，影響が及ぶと判断した場合には，短期的に影響があるのか中長期的にあるのか，タイミングによって打ち手が変わってくるため，影響の生じるタイミングを分析する。

(4) 対策の検討と実行

リスクへの対策を検討していく際，リスク対象のサプライヤーが改善できるかどうかがまずポイントである。部品や商品の必要とされるタイミングまでに対策ができるような内容であれば，対応後のリスク抑制として変化の一番少ない手段をとることが一般的だ。そのため，サプライヤーを変えずにサプライヤーへの教育と指導で乗り切る方向で進める。

一方，納期までに対策が難しいと判断した場合には，サプライチェーン構造を変えるか変えないかで施策は変わってくるため，この2つの視点で，施策の一例を紹介する。

① サプライチェーン構造を変えない場合（原則，短期施策）
　(a)　優先供給交渉
　特定の部品や材料において枯渇する可能性があると事前にわかっているのであれば，部品や部材の優先供給交渉をTier 1サプライヤーだけでなく，リスク対象サプライヤーと事前に直接交渉することが有効である。

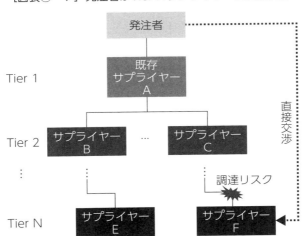

[図表④-7] 発注者がTier Nサプライヤーと直接交渉

(b)　シェア再配分
　複数社購買の部品や商品が対象であれば，リスクに該当したTier 1サプライヤーの発注量を落とし，別のTier 1サプライヤーの発注量を拡大するなど，シェアの再配分を実行する。この場合，サプライヤーの生産キャパを考慮する必要があるため，事前に情報を持っておくとよい。配分率はリスクの影響度によって検討が必要である。

[図表④-8] シェア再配分

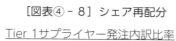

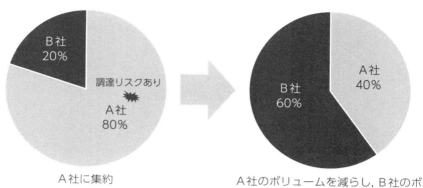

A社に集約　　　　　　　A社のボリュームを減らし，B社のボリュームを増やすことでリスク軽減

(c) 在庫の積み増し

　部品の枯渇の可能性が高い場合，問題が起きる前の在庫の積み増しは有効手段の1つだ。業界や企業によって在庫を持たない方針を立てている企業もあるだろうが，有事の際に備えて柔軟な対応が必要だ。

　在庫を置く場所がないなど，倉庫の保管スペースが懸念になるが，前もって在庫戦略を検討しておけば，外部倉庫をレンタルするなどいくらでも手を打つことは可能だ。

(d) 在庫アロケーション

　部品・部材によっては，複数事業部や複数製品に共通して使用され，事業部間で在庫の取り合いになるケースがある。そういったケースでは，何を優先にして限られた部品・部材を分配するのか，基準を明確に定めておくことが必要となる。例えば，受注順，販売数量の多い順，利益または売上の大きい順などだ。しかし，調達部門だけで実現できることは限定的であるため，営業部門や生産部門などの巻き込み，場合によって経営層まで含めたS&OP会議が必要となる。

② サプライチェーン構造を変える場合（原則，中長期施策）
(a) 新規サプライヤーの開拓（Tier 1 サプライヤーの切り替え）

　同一品を製造できるサプライヤーが他にいるのであれば，リスクの懸念がない新規サプライヤーの開拓や別で取引している信頼できる既存サプライヤーへの切り替えを検討することが得策だろう。しかし，開発フェーズであればリスクは少なくて済むが，生産準備～量産フェーズだとスイッチング期間や製造品質の確立期間を考慮すると切り替え難易度は高いだろう。

　新規サプライヤー開拓時に留意しなければならないことを参考までに2つほど挙げておく。

➢ 新規サプライヤーの場合も同様にサプライヤー階層を可視化すると，実はリスクが検知された該当サプライヤーと同じ可能性がある。特にニッチな市場でコアな部品や部材ほど同じであることが起こりうる。この場合，対面のTier 1 サプライヤーを変えたことで表面的には解決したように見えるが，本質的には何も解決していないことになる。

[図表④-9] 表層的な改善で本質は何も解決していない

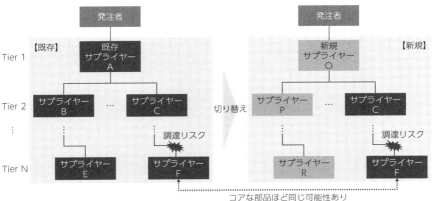

➢ 新規サプライヤーに見積依頼を行う際，相手にとって見積依頼内容の魅力を上げる取組みが重要である。例えば，中長期的な事業計画の共有や，具体的なフォーキャストの提示などである。昨今は発注者が大手企業だからと

いって，必ずしも見積依頼をすれば相手は興味を示すわけではない。ここを理解していない調達担当者は多い。

(b) 代替品開拓

リスクの対象となった部品・部材が，市場でニッチな部品や地政学リスクなどにより継続的に確保が難しく中長期的に製品・商品を製造できなくなると判明した場合，早めにスペックが近い代替品への切り替え検討をするべきだろう。この場合，4 M（Man／Machine／Material／Method）に変化が生じるため，開発・製造・品証部門などを巻き込み，新たに機能評価や輸送評価，品質評価などが必要となる。

B 2 Bビジネスの場合は顧客への報告が必要で，承認まで得る必要がある場合があるため，切り替えまでに時間を要する可能性が高く，難易度は高い施策となる。開発フェーズであれば基本的に切り替え難易度は低いが，開発・設計部門はリスクを避け，過去に使用した部品・部材を選ぶ傾向があるため，自社内の説得が求められるだろう。

(c) 部品・部材のサブユニット単位の切り替え

製造・生産技術の制約上，Tier 1 サプライヤーを変えられない場合がある。この場合，Tier 1 サプライヤーは変えずにTier 2 サプライヤーからTierNサプライヤーまでの間にあるサプライヤーにおいて，ボトルネックとなった部品・部材で構成される最小のユニット単位で切り替えるのも手段の 1 つだ。

図表④ - 10の場合，リスクが検知されたのはサプライヤーFだが，サプライヤーCの部品・部材を別のサプライヤーに切り替えるものである。サプライヤーCが供給するモノと同一品があればそれが望ましいが，たとえ代替品になったとしてもすべてを代替品に切り替えるよりは変化点が少なく，品質リスクを抑えられるだろう。

[図表④-10] 安定調達レベルの高いユニットへの切り替え

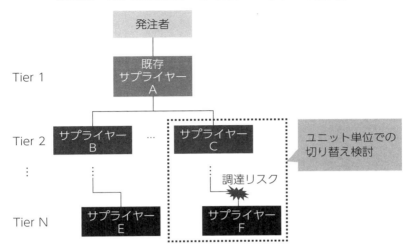

(d) 材料レベルでの変更（最下層の見直し）

　ある特定の部品・部材がボトルネックとなっている場合には，仕様などの見直しを図り，安定調達レベルの高い部品・部材に変更することが有効だ。開発部門や技術部門は反対する可能性が高いが，この施策の場合Tier 1サプライヤーを変える必要がないこともあり，製造・生産技術の観点で安心感を得られる上に中長期的に安定調達につながる有効な手段だ。

　しかし，この施策がリスクなく推進できるのは開発フェーズであり，生産準備以降だとリスクが大きい。開発フェーズであれば，材料特性などの検証と製造技術を確立するまでの時間は十分にあるが，量産以降では既存品と新規品の十分なスイッチング期間などを設けておく必要がある。

[図表④-11] 安定調達レベルの高い材料への切り替え

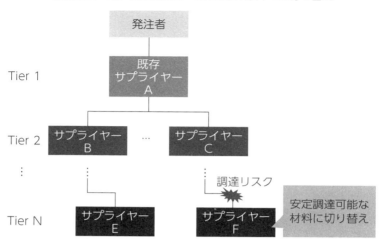

(e) 内製化

　リスク対象となった構成品が自社でも製造可能な場合，場合によっては内製化が対策の1つとなる。構成品の中にリスクの高い部品・部材が複数含まれており，それら部品・部材が市場でもニッチな部品の場合，自社の企業規模を活かして部品・部材確保に動いたほうがよい場合もあるからである。

　ただし，内製化は人件費や設備投資費用が必要となるため，長期的に生産が続きリターンを得られるもの，ノウハウを蓄積できるもの，情報漏洩が懸念されるものなどに限られるだろう。

　以上，簡単ではあるがサプライチェーン構造を変えない・変える視点でいくつか例を挙げてみた。後者のサプライチェーン構造を変えることによる細かい打ち手はいくらでも出てくるだろうが，調達部門だけでは対応が難しく，開発・設計部門など他部門の協力が必要となる。しかし，調達部門が攻めの調達リスク管理をすることで，変えられることがたくさんあることをご理解いただきたい。

6 改革ポイント

リスク対策を検討・実行していく上で，改革すべきポイントを３つほど挙げたい。

(1) Tier 1 サプライヤー依存からの脱却

ほとんどの企業はTier 1 サプライヤーに対策を依頼して丸投げしているだろう。しかし以下のようなケースにおいて，Tier 1 サプライヤーに依頼するだけでは対策が進まない場合がある。

> ① 発注者よりTier 1 サプライヤーの企業規模が大きい場合やTier 1 サプライヤーからの購入量が少なくパワーバランス負けしている場合，発注者のためにリソースをかけて対応はしてくれない。
>
> ② Tier 1 サプライヤーよりTier 2 以下のサプライヤーの企業規模が大きい場合，Tier 1 サプライヤーはパワーバランス負けしてしまい，Tier 2 以下のサプライヤーに対し強く要請できない，もしくは要請しても協力を得られない。
>
> ③ Tier 1 サプライヤーに対し，取引内容が下請法の対象となる場合，下請法に抵触するような依頼や交渉はできないため，強く要請できない。
>
> ④ Tier 1 サプライヤーの調達担当者のベーシックスキル（対策検討や交渉など）やソーシングスキルなどが欠如している場合，サプライヤーに交渉負けしてしまう，またそもそも方向性を導くことすらできない。
>
> ⑤ Tier 1 サプライヤーの積極性や協力度が低く，対応に動いてもらえない。特に海外サプライヤーの場合，文化の違いなどから重要性を理解してもらえず，なかなか動いてもらえない。

[図表④-12] Tier 1サプライヤー任せでは改善が進まないケースの例

ケース		発注者	Tier 1サプライヤー	Tier 2サプライヤー
①	発注者がTier 1サプライヤーにパワーバランス負け	🏢	<	🏢
②	Tier 1サプライヤーがTier 2サプライヤーにパワーバランス負け		🏢	< 🏢
③	Tier 1サプライヤーが下請法対象企業	🏢	>	🏢
④	Tier 1サプライヤーの調達担当者のスキル不足		👤ベーシックスキルやソーシングスキルが高くない	
⑤	Tier 1サプライヤーの協力的な姿勢が低い		🤝非協力的	

　このようにTier 1サプライヤー任せでは解決できないことが多々起こりうる。すでにTier Nサプライヤーまで介入して対策を実行している企業はあるが，発注者がまだそのような対応を取れていない場合，Tier 1サプライヤーに依存せずに発注者自身で解決に導ける体制やプロセスを準備しておく必要があるだろう。

[図表④-13] Tier 1サプライヤー依存からの脱却

〈現状〉
　Tier 1サプライヤーに任せっぱなし

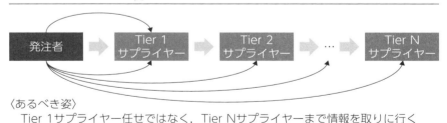

〈あるべき姿〉
　Tier 1サプライヤー任せではなく，Tier Nサプライヤーまで情報を取りに行く

(2) 開発購買の推進

　調達部門の業務として開発購買と生産準備がある。しかし，これらの業務を他部門に任せっぱなしの調達部門は少なくない。

補論④　サプライチェーン "Re" エンジニアリング　247

　開発購買とは，調達部門が開発段階のDR（Design Review）やFMEA（Failure Mode and Effects Analysis）などに参画し，調達部門が保有する過去のトラブルシートなどをもとに図面，仕様，材料などについて開発部門や設計部門に意見やアイデアを出し，この段階からQCD（Quality／Cost／Delivery）の作り込みをしていくものである。

　この開発段階でコストの9割が決まるにもかかわらず，初期段階で調達視点で問題点を出し切らずかつ潰し込まないことで，生産準備段階や量産段階になって問題に直面し，そこから対策するなど後手に回っている調達部門をよく見かける。

　この開発段階もそうだが，品質は調達部門が生産準備段階で工程監査を繰り返しながらサプライヤーに教育し，サプライヤーの製造工程や帳票類など4Mの完成品質を向上させていく。

　これまでQCと比較すると疎かになっていたのがDのDeliveryである。これまでのDeliveryはTier1サプライヤーの生産能力などを中心に供給できるかどうかを確認していたが，昨今ではDeliveryはそれだけでは不十分である。安定調達実現に向け，初期段階からサプライチェーンを極力可視化してボトルネックがないか，リスク発生の余地がないか事前に検証すべきだろう。それができるのは開発部門ではなく調達部門である。

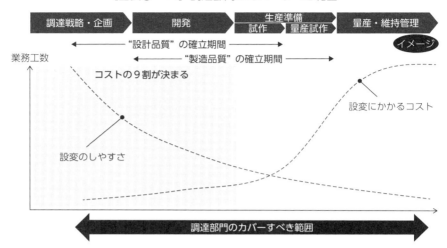

[図表④-14] 調達部門のカバーすべき範囲

(3) 品目横断施策の実行

　多様化した様々なリスクの管理において，施策によって時間軸や変革の規模感が変わってくる。重要品目に絞った調達リスク管理が効果的だと④で述べたが，仮にある重要部品・商品でリスクを検知した場合，その部品・商品固有の問題や該当サプライヤー固有の問題であれば単体で進めても問題ない。

　一方，検知したリスクが品目カテゴリー全体に及ぶ場合，複数の国や地域に依存する問題である場合は，部品・商品単体で施策を進めていては効果が限定的となってしまう。そういった場合には，該当する部品・商品単位でリスク管理を行うのではなく，品目全体を俯瞰して品目横断で共通施策を進めるほうが効果的といえる。

[図表④ - 15] 問題は単体で捉えるのではなく，全体を俯瞰して施策を検討

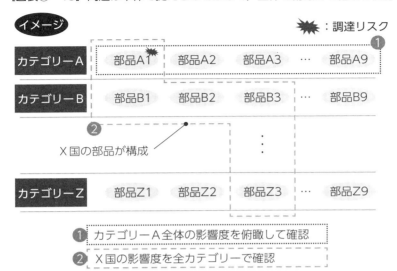

7 調達部門が経営に貢献できること

　不確実性の高い時代となった今，サプライチェーンの混乱は今後も予想のつかないような問題が突発的に起こり，その状況下ではますます部品や商品は企業間で取り合いとなり，安定調達が難しくなると想定される。

　そのような中，これまでどおりのTier 1 サプライヤーだけの管理では，もう乗り切れないことはわかっていただけたはずだ。今後はTier Nサプライヤーまで管理する「攻めの調達リスク管理」を徹底していくことが不可欠である。調達が安定することで機会損失を防ぐことができ，売上貢献に寄与できる。

　本補論の内容は調達部門だからこそできることであり，実行することで社内の調達部門のプレゼンス向上や経営への貢献につながっていくだろう。

調達改革　〜Procurement Transformation の実現に向けて

第1章から第7章まで，調達高度化について，調達領域における陥りがちな課題を概観した上で，さらなる経営貢献の創出を目指した「調達の高度化」の考え方や進め方を具体的な事例を交えながら紹介してきた。

　調達部門は，定型業務をこなす単なるバックオフィス機能としてみなされる傾向が強く，業務効率化を追求されることが多い。しかし，実際には調達部門は企業価値向上に貢献する重要な機能を有するものである。そのため，調達機能を強化・進化・高度化させることが経営貢献・企業価値向上に有用であることはご理解いただけたことかと思う。

　この調達高度化に関して，PwCコンサルティング合同会社　調達高度化チームでは，「調達の高度化」に取り組む一連のプログラムを「Procurement Transformation（大きな価値創造・経営インパクトを目指す抜本的な調達改革）」と呼んでいる。本章では，「調達の高度化」に必要な要素やポイントをいま一度整理し，Procurement Transformationを紹介することで，本書のまとめとしたい。

第1節 経営に貢献する調達改革 ～Procurement Transformationとは？

(1) Procurement Transformation（大きな価値創造・経営インパクトを目指す抜本的な調達改革）とは？

Procurement Transformationとは，変化し続けるビジネス環境における「調達機能の経営貢献の実現」に向けて，「調達コスト低減」や「安定調達」といった従前の課題対応のみならず，「売上拡大」「イノベーション」「ブランド価値向上」といった経営貢献を目指した調達改革のプログラムを指す。Procurement Transformationは，一過性の改善活動とは異なり，調達改革の推進効果の測定・仕組み化とともに，継続的な調達機能の高度化・経営貢献を目指す改革活動である。

ここではProcurement Transformationと従前の調達改善・改革の取組みとの違いを紹介することで，Procurement Transformationの概観を説明する。

[図表 8 - 1] Procurement Transformationと従前の調達改善・改革の取組みの違い

「範囲」について，Procurement Transformationは，すべての調達改革における要素（戦略，プロセス，組織・人材，システム）を対象として取り組むものである。これは，PwCコンサルティングの調達改革フレームワークを用いて，包括的に調達改革にアプローチすることで，全体最適を推進するものである。一方，従前の調達改善・改革の取組みは，部分的な取組みに留まり，プロセスやシステムに焦点を当てた取組みに終始する傾向がある。

「視点」について，Procurement Transformationは，付加価値の向上を目指し，購買業務の効率化と調達業務の高度化の両輪で取り組むものである。なお，これは，効率化から高度化へのリソースシフトを伴う取組みとなる。一方，従前の調達改善・改革の取組みは，業務の手間を省くような効率化に留まる傾向がある。

「特徴」について，Procurement Transformationは，付加価値向上のために，やりきれていない業務，または現時点では存在していない業務に取り組むことになる。そのため，取組み推進においては，構想策定・戦略立案（Whyや

第8章　調達改革　～Procurement Transformationの実現に向けて　255

What）により注力する必要がある。一方，従前の調達改善・改革の取組みは，目の前の問題や課題といった比較的取り組みやすいテーマを扱う傾向がある。そのため，取組み実行（How）が重要視される。

「成果」について，Procurement Transformationは，経営インパクトを創出するような成果をもたらす取組みである。これは，調達コスト低減や安定調達のみならず，売上拡大，ブランド価値向上，イノベーションに寄与することを示す。また，企業の総コストの7～8割を占める調達コストを対象とした取組みとなる。一方，従前の調達改善・改革の取組みは，調達部門に閉じた取組みとなりがちであり，コスト削減や安定調達に寄与する一方，業務コストの低減に留まる傾向があり，全社に対するインパクトも限定的となる。

(2)　なぜProcurement Transformationは手付かずだったのか？

ここまでの説明で，Procurement Transformationが経営貢献に資することを示してきた。では，なぜこれまでこの取組みは手付かずだったのだろうか。下記に経営，調達部門の両面，またProcurement Transformation自体が持つ難しさの3点から想定される要因を説明する。

第1に，経営側が，調達部門を単なるバックオフィス機能と捉える傾向があることが，手付かずの要因の1つだと想定される。第1章で紹介したように，「調達の力」はこれまで見落とされてきた傾向があり，経営にもたらす価値を経営層が認識できていなかったことから，調達改革には投資せずに手付かずだったのではないだろうか。ぜひ本書を読んでいただくことで，改めて調達の価値を認識いただき，企業価値を高める調達の高度化に取り組んでいただければと思う。

第2に，調達部門による自部門のパフォーマンスの見える化・経営への訴求が不十分であることも，手付かずの要因と考えられる。一般的に，調達領域の取組みは，自部門に留まり，取組み効果を対外的にわかりやすく発信できていなかったのではないだろうか。対外的な発信，経営への訴求には，第2章で紹介した「調達ROI」のような経営と調達の共通言語・ものさしを活用していただければと思う。

第3に，Procurement Transformation自体が持つ難しさが手付かずの要因

ではないかと考える。調達改革は，多様なステークホルダーを巻き込む取組み
であり，また効率化から高度化へのリソースシフトに伴い，スキルの質的な変
化が求められるものである。これには経営の関与やステークホルダーとなる部
門のスキル向上が求められるが，簡単に達成できないことは明らかだろう。取
組み自体の難易度が手付かずであった要因と考えることができる。

このように手付かずであり難易度の高いProcurement Transformationでは
あるが，企業価値向上に大きく貢献する取組みになりうることを忘れてはなら
ない。経営と調達部門の両面にアプローチし，調達の潜在的な価値を明確にす
ることで，経営の関心や必要な投資も得られやすくなる。その上で考慮すべき
ポイントを含めたProcurement Transformation（大きな価値創造・経営イン
パクトを目指す抜本的な調達改革）の進め方については，後続の第2節で紹介
する。

(3) DXプロジェクトの起爆剤：
Procurement Transformationプロジェクト

なお，Procurement Transformationの取組みは，DXプロジェクトを補完す
るものとして，近年多くの企業で同時に取り組まれている。

これには，取組み効果を享受できるまでの時間が長くなる傾向があるDXプ
ロジェクトに対して，Procurement Transformationは，調達領域に焦点を絞り，
ゴール・目標の定義を行いプロジェクト化することで，短中期間で目に見える
調達コスト低減等の効果を享受しやすいことが背景にある。

DXプロジェクトの推進力を高めるものとして，短中期的にわかりやすい成
果を上げることができるProcurement Transformationを取組みメニューの1
つに含めてはどうだろうか。

[図表8－2] DXプロジェクトの起爆剤：
Procurement Transformationプロジェクト

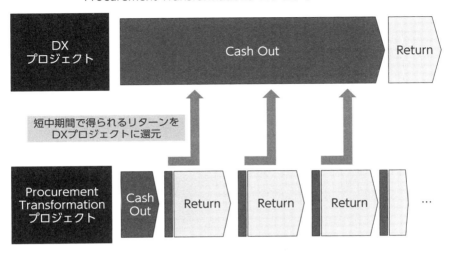

第2節　Procurement Transformationの進め方

(1) 全体像

　第1節では、Procurement Transformationについて、その概要と手付かずだった要因について紹介した。特に経営の興味・関心を引くことで、必要な投資・経営層の支援を得ることが調達改革には必要であることはご理解いただけたことかと思う。そのためには、調達部門が視座を高め、期待効果が大きいことを訴求し、企業価値向上に資する経営アジェンダになりうることを経営層に理解いただく必要がある。

　調達改革がもたらす効果の最大化を狙うためには、単なる「効率化」ではなく「高度化」が必要なことは述べてきた。「効率化」に資する調達改革は、主に現状の業務効率化に取り組むことになるため、目指す姿や目標が比較的明確に設定できる。しかし一方で、「高度化」に資する調達改革は、現時点で取り組むことができていない新たな業務に関する内容となるため、あるべき姿・目

標の策定の難易度が高い。この「高度化」に資する調達改革について，思い付きや目先の問題をベースにあるべき姿や目標を設定すると，網羅性がなく，本来改革に必要なポイントが抜け落ちる可能性がある。これまで紹介してきた各種調達改革のフレームワークを活用し，まず取り組むべき領域を棚卸の上，包括的に戦略，業務，インフラをとらまえたアプローチ，「構想策定・戦略立案」が重要となる。

図表 8 - 3 に，Procurement Transformationの進め方の一例を示す。

[図表 8 - 3] Procurement Transformationの進め方

①構想策定・戦略立案			②取組み実行 施策詳細検討・実行	③効果測定・改革の拡大展開
(a)・目指す姿検討・改革方向性検討	(b)改革ステップ・アクションプラン策定	(c)ロードマップ・取組み効果算出方法策定		

① 構想策定・戦略立案

(a) 目指すべき姿の検討，改革の方向性検討

● 目指すべき姿を検討

● 現状直面する問題点を整理の上，解決すべき課題を特定

● 特定した課題を踏まえた上で，改革の方向性を検討し明確化

(b) 改革のステップ・アクションプラン策定

● 目指す姿への改革方向性をもとに，改革のステップを明確化

● 改革に必要なアクションプランの洗い出し

(c) ロードマップ・取組み効果算出方法策定

● 各マイルストンにおける目指すべき取組み効果の明確化

② 取組み実行：施策詳細検討・実行

● 策定したアクションプランを実行

第8章　調達改革　〜Procurement Transformationの実現に向けて　259

- 事務局を設置の上，進捗管理だけではなく，アクションプラン実行におけるつまずきポイントや課題を特定し，適宜実行チームをサポートすることで，改革推進

③　効果測定・改革の拡大展開

- 取組み効果を測定の上，改革方向性や進め方を更新
- 取組み推進中に様々な視点で進捗・効果を見える化し，経営や関連部門と協力しながら，ステークホルダーの巻き込み・推進力増大に向けてアピール

　ここからは，各フェーズで考慮すべきポイントについて，いくつか紹介する。

(2)　構想策定・戦略立案で考慮すべきポイント

①　ありたい姿の設定と実現ステップの検討

　構想策定・戦略立案において重要なことは，ありたい姿を設定し，実現ステップを検討することだ。

　調達改革の目指すべき方向性については，第1節で概説したが，まず企業は自社が置かれている競争環境・経営環境や事業特性を踏まえた上で「ありたい/あるべき調達」を定義する必要がある。この方法としては，図表8-4のような調達購買領域の成熟度を俯瞰的・客観的に把握するフレームワークや，第3章で紹介したPwCコンサルティング合同会社の「調達改革フレームワーク」を活用することが有用だ。

　ありたい姿を設定した後，次は実現に向けたステップを検討する必要がある。これには，現状の調達管理水準・成熟度レベルを把握した上で適切なステップ・マイルストーンの設定が必須だ。

　登山を例に挙げると，登山といっても，高尾山・富士山・エベレスト等，様々な山があり，難易度，期間，必要な装備やアプローチが異なる。どの山に登るかを決定した上で，現時点の自身の能力・状況を正しく把握し，登頂に向けて必要なアクション・ステップを検討する流れは，妥当だとご理解いただけるかと思う。

調達領域でいえば，調達改革が「効率化」と「高度化」のどちらを目指すものかによって，大きく難易度・期間・アプローチが異なる。第3章でも述べたように，「効率化」は目の前にある業務が対象となり，取り組む内容や期間も想像しやすい一方，「高度化」は，いま目の前にない業務を新たに規定して実施する必要があり，一般的には難易度が高い。「効率化」だけでなく，「高度化」まで踏み込めば，調達は大きな付加価値を創出することが可能であるが，企業の現状を踏まえれば，まずは「効率化」によって業務負荷を下げ，「高度化」に必要なリソースを確保することが必要といったケースも考えられる。

以上のように，ありたい姿を設定した上で実現ステップを検討することは，調達改革における構想策定・戦略立案フェーズの肝である。

[図表8-4] 調達購買領域の成熟度診断フレームワーク

② 施策検討のポイント：表層的な問題ではなく，根源的な課題に対処

調達のありたい姿を設定し，実現ステップを検討する中で，現状の調達領域における問題が見えてくるが，ここで意識すべきは，数多くの表層的な問題ではなく，根源的な課題に対処することである。解くべきテーマの設定を誤るこ

第8章　調達改革　〜Procurement Transformationの実現に向けて　261

とで，施策の方向性，また取組み効果は大きく変わることになる。

　ここでは，問題と課題を下記の形で整理した上で説明する。

- ●問題：現状，事象として確認できること。表層的な困りごとが多い。
- ●課題：目指すべき姿・目標を達成する上で，取り組む/解決する必要が
    あること。問題の理由・要因の深掘りによって特定することができる。

　よくあるケースとしては，施策が表層的な問題を解消するに留まり，真因である課題に対してアプローチできていないことで，本質的には解決しない，または取組み効果が限定的となるものである。

　調達領域における一例を示すと，「調達部門の忙しさ」が問題として確認できた際に，既存業務の効率化として，デジタルツールの導入や派遣社員の登用等によって問題解決に取り組むケースが考えられる。本来は，調達部門に期待される機能を踏まえた上で，この忙しさの原因を追究，深掘りする必要がある。「業務プロセスの複雑さ・煩雑さ」が課題となっているのであれば，業務整流化・標準化が施策として有効であり，または「調達購買に必要な人材が不足」していることが課題となっているのであれば，短期・中長期の視点で人員計画，ならびにスキル向上に向けた施策が有効となる。

　このように，表層的な問題からすぐに解決策・施策を検討するのではなく，なぜその問題が起きているのか，課題・真因は何かを特定の上，解決策・施策を検討することが重要である。

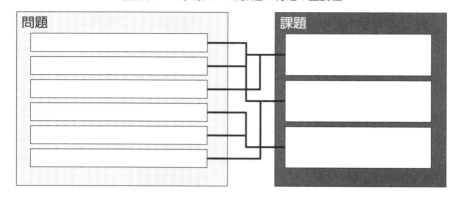

[図表8 - 5] 解くべき課題の特定の重要性

表層的な困りごとである「問題」から，
解くべき「課題」を見極めることが重要

③ 改革の鍵の言語化・期待効果の明示：「Why・Whatの重要性」

　取り組むべき対象を特定し，解くべき課題を特定した上で次に必要なことは，改革に必要な鍵である「Why/なぜ改革が必要なのか・その目的（ビジョン）」，また「What/何を改革するのか・戦略や改革テーマ」を言語化すること，また期待効果を明示することである。

　よくあるケースとしては，課題への解決策が明確に言語化されていない，または言語化が「How/手段・戦術」に留まっていることがある。拙速にHowの議論を始めると，木を見て森を見ずになりがちであり，本来目指したかった調達改革の姿や解くべき課題について，改革メンバーで共通認識が持てなくなる可能性が高くなる。これは，調達改革の方向性に曖昧さを残してしまい，結果としてメンバー間での混乱を引き起こし，調達改革の成功確率を下げることとなる。

　「How/手段・戦術」はもちろんだが，「Why/なぜ改革が必要なのか・その目的（ビジョン）」，また「What/何を改革するのか・戦略や改革テーマ」について「シンプル」にわかりやすく，簡単な言葉で言語化すること，またWhyを起点にWhat，Howを言語化することが，調達改革を成功に導く上で重要である。

第8章 調達改革 〜Procurement Transformationの実現に向けて　263

[図表8-6] 言語化の重要性

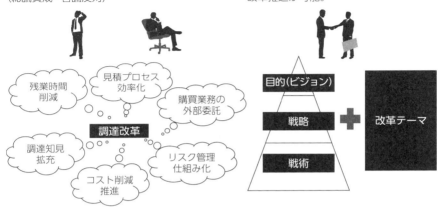

　ここでは，調達領域における2つの事例を紹介することで，「誰もが理解できるレベルで言語化されていること」がいかに重要かを共有する。

(a) 「言語化できていなかった事例」：改革メンバーは一枚岩になっているか

　とあるプロジェクトでは，部長やリーダークラスが集まり，調達戦略に基づく施策の具体化を進めていた段階で，問題が発生した。このプロジェクトでは，Why/目的やビジョン，What/戦略，How/戦術についての合意は得られていたものの，それを明確な形で言語化して共有せずに進めていた結果，施策の具体化段階で，チーム内で不和が生じた。メンバーからは「そもそもそのような方向で考えていなかった」といったコメントが上がり，認識のずれがあることが浮き彫りになった。

　これはよくある「総論賛成，各論反対」であったことを示している。このような認識のずれは，大きな手戻りを招くことになり，プロジェクト推進の遅延を引き起こしてしまう。このような事態を防ぐために，合意があるようでいても，それを具体的な言葉で確認し，進捗や方針について明確に共有することで，

メンバー全体が同じ方向を向き，効果的なプロジェクト進行を目指す必要がある。

　特に，言語化をする上ではWhy⇒What⇒Howの順番で調達改革の目的，戦略・改革テーマ，戦術を構造化して整理することで，メンバーがOne Voiceでそれらに答えられるようにし，腹落ちして理解することで自律したチーム・メンバーを醸成することが重要だと考える。

⒝　「言語化はされているが，シンプルではなかった事例」：わかりやすい言葉で
　　伝えられているか

　ある調達改革プロジェクトでは，特定のプロジェクトメンバーが調達戦略や構想の策定を行い，その後，調達部全体で改革を進める段階に至った。しかし，新たなメンバーに対して改革の進捗や方針を伝える際，高度な用語や難解な言葉が使われ，新たなメンバーからは理解が難しいというフィードバックがあった。

　このようなケースでは，相手にわかりやすく説明することが求められる。改革に関与するメンバーが「高度すぎて理解できない」と感じるならば，それは調達改革が進む上での障害となりかねない。特に調達改革は，多くのステークホルダーを巻き込む必要があるため，相手が内容を理解し，次の日から即実践できるように，わかりやすい・シンプルな言葉で，改革のポイントを言語化することが肝要だ。

　また，期待効果を明示することの重要性も改めてここで述べたい。

　いかに「Why/なぜ改革が必要なのか・その目的（ビジョン）」，また「What/何を改革するのか・戦略や改革テーマ」をわかりやすく言語化しても，調達改革がもたらす期待効果を正しく明示できていなければ，多くのステークホルダーから賛同を得ることは難しい。Why/Whatに併せて，調達改革による企業価値向上への貢献・定性/定量的な期待効果の明示は，「構想策定・戦略立案」において非常に重要である。

(3) 取組み実行で考慮すべきポイント

① 経営の役割：経営，調達，事業が関与する三位一体の体制構築

調達改革は，目指す成果が大きく，また取り扱う範囲も広いことから，多くのステークホルダーの巻き込みが必然となる。このような環境においては，調達部門・事業部門間に軋轢が生じ，取組みの難航が懸念される。

取組みを円滑に進めるためには，補論①で紹介したような，経営による調達に関わるステークホルダーの統制・牽制がかかるような体制構築が有効だ。現場任せにせず，行事役として経営層が取りまとめる，または会社方針としてトップダウンで経営層が統制をかける等，会社の風土・文化に合わせて適切に経営が関与することで，取組み実行を円滑にすることができる。

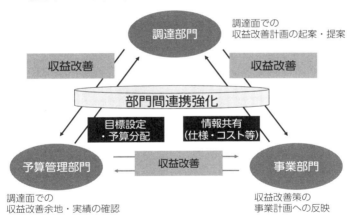

[図表8-7] 経営，調達，事業の三位一体の体制（再掲）

② 現場を助け，経営に意見する事務局の必要性

また，取組み実行においては，構想策定・戦略立案で整理したロードマップ・アクションプランに従って，取組みを推進する上で，事務局を設置することが重要だと考える。調達改革における組織配置や機能権限設定，日本企業が陥りがちな罠については第4章で紹介したが，ここでは調達改革推進における事務局の必要性について述べたい。

事務局は，取組みの進捗管理・効果の見える化を担うだけでなく，経営関与のサポートや，実行チームが直面する課題解決のサポート・利害調整，またステークホルダーの巻き込み・推進力の増大を狙う。この事務局機能を含めた推進体制を構築することで，調達改革における取組みの効果最大化を目指すことが有効となると考える。

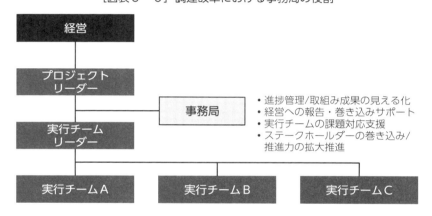

[図表 8 - 8] 調達改革における事務局の役割

③ 調達関連のIT・テクノロジーとの付き合い方

　なお，調達改革においては，日々進化するIT技術に注視することが重要だ。ここでは，枯れた・定型化された購買業務のIT活用・システム導入による効率化は当然のこととして，付加価値の高い戦略策定業務・判断業務を伴う調達業務におけるIT活用に焦点を当てて説明する。

　付加価値の高い調達領域の業務の中にも，オペレーション業務は存在する。例えば，第6章で紹介したようなPPV（調達価格差異）分析やPO Coverage（購買条件捕捉率）分析，Common Suppliers（部門横串によるサプライヤー利用状況）分析といったデータ分析業務には，オペレーショナルな「データの前処理」といった前工程と高付加価値な「データの分析」といった後工程がある。BIツールの活用により可視化に必要なデータ収集・整備・加工が容易になり，ここで効率化できたリソースを活用して「ヒト」が時間を割いてデータ

第8章 調達改革 ～Procurement Transformationの実現に向けて

から導き出された課題に対する解決策の検討をすることができる。このように，調達業務においても，より付加価値の高い業務に注力できるように，IT技術を活用することを意識いただきたい。

また，AI（人工知能）の登場は，従来の調達業務における「IT」と「ヒト」の役割分担を塗り替える余地が大きい。

例えば，見積書の作成や見積結果の比較/分析といった業務は従来，「ヒト」が高付加価値業務として注力すべき業務であると考えられていた。しかし，AIを活用することで，過去データや関連文献を参照し，見積仕様書や業務依頼書を作成する試みが進んでいる。

契約管理においても，システムを活用して契約終了期日の3か月前をトリガーに市況データの取得，見積書作成・見積依頼等をAIが行う可能性が出てきた。これにより，業務効率化が進む一方で，高度な情報処理が必要な作業もAIがサポートすることで，「ヒト」がより価値ある業務に集中できるようになる。今後，高付加価値業務においては人間が持つ洞察力や創造性がより活かされることが期待される。最新の動向を把握し，技術の進歩に柔軟に対応することが，調達改革において不可欠な要素となっていくだろう。

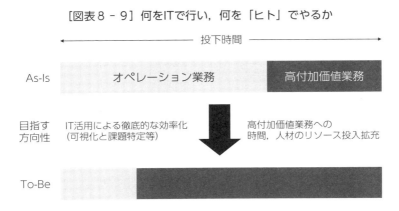

［図表8－9］何をITで行い，何を「ヒト」でやるか

⑷ 効果測定・改革の拡大展開で考慮すべきポイント

① クイックウィンの実現と共有 〜成功のモメンタムを作り出す

　調達改革の成功には，調達改革によって，ステークホルダーが期待するシンボリック，かつ目に見える成果を提示することが重要であり，そのためには，クイックウィンの実現によって，成果を出すことが肝要だ。成功まで数年かかるような取組みばかりでは，中弛みしてしまう。調達改革を成功に導くためには，クイックウィンの実現によって，成功のモメンタムを作り出すことが重要だ。この「成功のモメンタム」を作り出す意味合いについて，下記3点にまとめた。

　(a)　仮説の検証：施策の蓋然性を高める

　　調達改革の成果は大きいほうがもちろん望ましい。だが，たとえ小さな成果であっても，何が検証できたか，また継続すればより大きな効果が期待できるといった意味合いを明示することが重要である。

　(b)　改革プロジェクト推進の動機付け

　　成果を生み出すことができたこと自体が，自ずとプロジェクト推進の動機付けとなり，さらなる調達改革の推進を呼び起こす。調達改革に対する金銭的・人的投資を促すことができる。

　(c)　意識・行動改革の環境の醸成

　　継続的に調達改革による成果を喧伝することで，ステークホルダーの意識・行動改革につなげることができる。意識や行動は一朝一夕には変わらないため，小さな成果・効果を体感することが必要である。

[図表8－10] 調達改革における成功のモメンタム

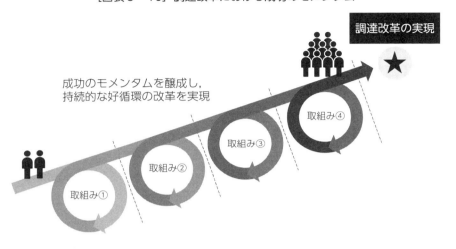

② 効果の可視化　〜調達改革の成果指標と測定方法

　また，調達改革の拡大・展開には，経営，ステークホルダーが成果を定量的に把握でき，プロジェクトが順調に進捗していると理解できることが重要だ。第2章で紹介した経理と調達の共通言語としての「調達ROI」のようなモノサシが，調達改革成功の鍵となる。数字で効果を把握できることで，進捗状況を正しく把握できる。「わかりやすい形」であるためには，成果は定性的ではなく，定量的に示すことが必要であると考える。また，成果指標を定義の上，第6章で示したような定期的に測定する仕組みを構築することで，必要な時に必要な情報が取れる状態を作ることも同様に重要である。

　成果を定量的に示すことの意味合いを下記3点にまとめた。

(a) 客観的な進捗の評価

定量的な成果指標を使用することで，プロジェクトの進捗を客観的に評価できる。これは数字や数値は主観的な意見に左右されず，プロジェクトが計画どおりに進んでいるかどうかを明確に示すからだ。これにより，ステークホルダー間での共通理解が得られ，誤解や誤った期待の防止が可能となる。

(b) 意思決定の基盤となる情報の提示

定量的なデータは意思決定の基盤となる。リーダーは，数値データを分析し，問題や課題に対する戦略的な判断を下すことができる。このような数値に基づく意思決定は，迅速かつ効果的なプロジェクトの進行・管理を可能とする。

(c) 透明性とコミュニケーションの向上

定量的な成果指標は透明性を提供し，プロジェクトに関与するステークホルダー間でのコミュニケーションを向上させる。数値データを共有することで，プロジェクトの現状や課題に対する理解が一元化され，関係者全員に同じ情報を共有することができる。これはコミュニケーションの混乱を減少させ，効率的・効果的な意思決定を促進する。

ここで，調達プロジェクトの成功を測定する指標の例を示す。これらの指標は，単体ではなく，複合的に評価すべきものであり，その重み付けは，改革の目的や方向性によって異なる。

(i) 調達ROI（コスト削減額・投資額（人件費，システム費用等））

プロジェクトの効果をわかりやすく図る指標として，調達ROIが挙げられる。分子に「コスト削減額」，分母に「投資額（人件費・システム費）」を設定することで，当該プロジェクトの投資対効果を測ることができる。

(ii) 調達カバー率（品目・部門）

調達活動が，全社調達に対してどの程度影響を持つことができているか，「調達カバー率」を定量的に測ることも重要だ。調達部門が関与できていない

「品目」や「部門」を明らかにすることで，今後の取組み・改善策の検討のきっかけにもなりうる。

(iii) 人員数（内部/外部，機能別）

人員数を定量的に把握することも重要だ。改革の目標をもとに，あるべき自社メンバー，外部メンバーの人員数を把握し，また調達機能別に人員数を整理することで，調達改革で重要な「リソースシフト」の状況を把握することができる。

[図表 8 - 11] 調達プロジェクトの成功を測定する指標例

指標例			N年度	N+2年度	N+3年度	…	N+8年度	N+9年度
①調達ROI（A/B）								
	コスト削減額（A）単位：円							
	投資額（B）単位：円	人件費						
		システム						
②調達カバー率単位：%	品目				調達改革の目的・方向性に合わせて定量的な指標・目標値を設定			
	部門							
③人員数単位：人	内外別	自社						
		外部						
	機能別	戦略						
		ソーシング						
		パーチェシング						
		その他						

③ ステークホルダーの巻き込み・効果的なコミュニケーション

調達改革は，これまで示したように社内・社外含め様々なステークホルダーを巻き込む取組みとなる。改革の拡大展開のためには，前述した可視化された効果を用いて各々がコミュニケーションすることが有用だ。

経営に対しては，調達部門は，可視化された調達改革の効果を提示することで調達が企業価値向上にもたらす価値を理解してもらい，経営層の関心度向上

と，取組み推進における協賛を得ることが肝要だ。

また事業部門に対しては，経営・調達部門は，当該部門の進捗状況や他事業部門との横比較結果を提示することで，事業部門間の競争意識を醸成し，改革の推進力向上を見込むことができる。

なお，調達部門にとっては，調達がもたらす企業価値向上への貢献を把握することで，部門・メンバーの士気を高め，熱量のある調達改革の拡大/展開を推進することができる。

以上，ここまで「構想策定・戦略立案」「取組み実行」「効果測定・改革の拡大展開」といったProcurement Transformation（大きな価値創造・経営インパクトを目指す抜本的な調達改革）におけるそれぞれの留意点，ポイントについてお伝えした。調達改革は，特に「高度化」を狙うことで大きな効果を見込むことができるが，その難易度・特性から「構想策定・戦略立案」が肝であること，また「取組み実行」「効果測定・改革の拡大展開」においても注意すべき点があることはおわかりいただけたかと思う。大きな調達改革をやり遂げ，改革の果実を手にするために，改革の局面に応じて，これら留意点・ポイントを意識いただければと思う。

第3節 | 経営と調達

本節で調達改革における経営関与の必要性について述べることで，本章を締めたい。

調達には，企業価値向上・経営貢献に資する大きなポテンシャル・価値があること，コスト削減だけではなく，売上拡大やイノベーション，ブランド価値向上などの企業価値に直結するような貢献が可能であることはご理解いただけただろう。一方，その調達価値の最大化のためには，様々なステークホルダーの統制や部門を跨ぐ組織的な構造改革が必要であることも紹介してきた。

調達において，なぜ経営が関与すべきか，その必要性について図表8 - 12に示すとおり3点に取りまとめた。経営に貢献する調達改革：Procurement Transformationの実現に向けて，調達領域への経営の関与を期待する。

第8章 調達改革 ～Procurement Transformationの実現に向けて　273

[図表8-12] 調達改革における経営関与の必要性

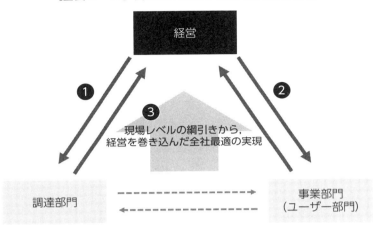

(1) 調達部門と経営の対話による視点/視座の引上げ

　調達部門は，効率化領域を中心に既存の枠組みの中で取組みを考える傾向があるが，企業価値向上に資するためには，取組み対象領域を広げ，取組み意義の視座を高めることが必要だと考える。経営から調達への期待を明らかにした上で，調達部門が具体的な取組みテーマ，期待効果，難易度，必要な支援などを検討し，経営と調達部門が双方向で対話することが求められるのではないだろうか。経営は，施策検討に際しては，取組み視点の引上げと期待効果の追求に注力し，実行に際しては，成果のあくなき追求と現場のつまずきの特定と解決支援まで参画することで，調達価値向上による企業価値向上・経営貢献を訴求してはどうだろうか。

(2) 事業部門に対する統制・牽制

　調達部門がどれだけ調達価値最大化のための取組み・施策を実行しようとも，事業部門が受け入れなければ，効果の実現に至らない。事業部門にとって，コスト削減や安定調達は喜ばしいことである一方，販売目標の達成を始め，その他優先しなければならないこともあり，調達部門の提案に従わないこともあるだろう。このような状況下において，経営は，調達価値最大化のために事業部

門ににらみを利かせることで，統制・牽制する役割を担うべきではないだろうか。

(3) 「個別・部門最適」から「全社最適」の実現への昇華

　上記(1)(2)で示したように，調達部門は往々にして，現場主導になる傾向があること，また時として事業部門と対立する構造となりうることはご理解いただけただろう。このような構造において，経営が調達部門と事業部門の間に入り，仲裁・調整，場合によっては部門横断の課題解決に取り組むことで，各部門の利益ではなく，全社利益の最大化を目指した調達改革を推進することができる。

おわりに

　本書を通じて，経営と調達の関係性，特に調達の高度化が企業価値の向上に
どれだけ重要であるかを明確にしてきた。現代のビジネス環境において，調達
は単なるコスト削減や効率化の手段に留まらず，経営戦略に不可欠な要素とし
ての役割を果たすものである。企業が持続可能な成長を実現し，競争優位を確
立するためには，調達の持つ潜在力を最大限に活用する必要がある。

　調達を経営の改革レバーとして活用する際に再度注意してほしい点として，
本書で取り上げた要点を再確認していただきたい。まず，調達の高度化には経
営層の深い理解と積極的な関与が不可欠である。調達戦略と経営戦略を統合し，
企業全体で一体となって取り組む姿勢が求められる。次に，調達活動のパ
フォーマンスを最大化するためには，データ活用と仮説構築を効果的に行い，
データドリブンの意思決定を進めることが重要である。これにより，効率的か
つ迅速な戦略策定が可能となる。また，調達の高度化にはサプライヤーとの強
固なパートナーシップが欠かせない。単なる取引関係を超えて，共創の関係を
築き，イノベーションを促進することが求められる。さらに，調達業務を強化
するためには，専門的なスキルを持つ人材の確保と育成が重要である。組織全
体の能力向上を図り，調達部門の役割を再定義することが必要である。そして，
調達改革は全社的な取組みであり，調達部門だけでなく，現場と経営を巻き込
むことが重要である。現場と経営の両面から支援を得て，大規模な改革を推進
することが求められる。

　一方で，実行に移す際に問題となる点も存在する。既存の組織文化や業務プ
ロセスに対する抵抗が考えられる。改革には常に抵抗が伴うものであり，特に
長年にわたり慣れ親しんできた方法やプロセスを変更することには大きな挑戦
が伴う。この抵抗を乗り越えるためには，改革の目的や期待される成果を明確
にし，全社員に対して理解と協力を求めることが重要である。

　上記の視点と問題点を踏まえ，経営層が積極的に関与し，全社的なサポート
を得ることで，調達の高度化が実現し，企業全体の競争力を高めることができ

る。

　本書が，調達改革の現場に携わる方々に留まらず，特に経営層の皆様にも参考となることを願っている。調達の高度化を通じて，企業の競争力を高め，日本企業全体の競争力強化に少しでも貢献できれば大変幸いである。経営の皆様が調達の戦略的価値を理解し，全社的な取組みとして調達改革を推進することで，企業は新たな成長機会を捉え，持続可能な競争力を確立することができるであろう。本書がその一助となれば幸甚である。

　本書の執筆にあたり，PwCコンサルティング合同会社 調達高度化チームのメンバーに心から感謝を表する。彼らの努力と知識が，本書の内容を支えている。最後に，中央経済社の坂部秀治さんには，我々の想いを汲みとり，専門的かつ的確な助言をいただいた。坂部さんとの度重なる討議を通じて，我々自身も考えが深化したと感じる。この場を借りて深くお礼申し上げたい。本書が，読者の皆様にとって有益なものであることを祈念し，結びとさせていただく。

執筆者一覧

PwCコンサルティング合同会社　調達高度化チーム

全体監修/執筆担当

野田 武	Takeshi Noda
小山 元	Gen Koyama

執筆担当

鈴木 洋史	Hirofumi Suzuki
園部 将也	Masaya Sonobe
瀧 護人	Morihito Taki
田中 博久	Hirohisa Tanaka
向井 沙央理	Saori Mukai
青山 卓	Takashi Aoyama
市瀬 珠希	Tamaki Ichinose
小松田 淳平	Jumpei Komatsuda
白川 将嗣	Masatsugu Shirakawa

執筆サポート

小保方 祥多	Shota Obokata
加藤 隆志	Takashi Kato
佐渡 祐介	Yusuke Sado
須田 竜	Ryo Suda
ディプティ テミルシナ	Dipti Timilsina

PwCコンサルティング合同会社 調達高度化チームの紹介

PwCグローバルネットワークについて

　PwCは，社会における信頼を構築し，重要な課題を解決することをPurpose（存在意義）としています。

　私たちは，世界151カ国に及ぶグローバルネットワークに約364,000人のスタッフを擁し，高品質な監査，税務，アドバイザリーサービスを提供しています。

People
364,232人

Locations
151カ国

Revenues
531億米ドル
FY22 - 503億米ドル

PwCコンサルティング合同会社 調達高度化チームについて

　調達領域においては日本国内に約100人の専門スタッフを擁し，「経営に貢献する調達」をキーワードにして，多数の企業を支援しています。

調達領域の専門スタッフ数

グローバル：約5,000名
日本：約100名

　また，多様な地域の多数の調達プロフェッショナルを対象として「グローバルデジタル調達実態調査」を実施し，調達の潮流を把握しています。第4回の調査では世界

64カ国800人以上，第5回の調査では世界58カ国1,000人以上の調達プロフェッショナルから回答を得ました。

●調達関連提供サービス例

　PwCコンサルティング合同会社 調達高度化チームでは，「経営に貢献する調達」をキーワードに，多数のサービスを企業へ提供，支援しています。代表的なサービスは以下のとおりです。

　調達戦略策定支援：「経営に貢献する調達」の実現に向け，中長期的な調達戦略の策定を支援

　調達ROI：調達活動を費用対効果の視点で評価し，調達活動のROIを捉え，改善レバーに分解することで，調達パフォーマンスの最大化を支援

　組織・プロセス改革支援：経営，調達戦略，ソーシング，パーチェシングなどのプロセスをシームレスにつなぎ，調達活動を最適化するために，あるべき組織・機能・業務の設計を行い，それらに供するリソース投入を見直し，改革のためのアクションプランの策定を支援

　サステナブル調達：サステナビリティ・トランスフォーメーション戦略や目標をサプライヤーと共有し，サプライヤーと自社が高次元で統合されたサプライチェーンを構築するために，調達部門が関係部門からの期待に応え，戦略的な役割を担うための改革プログラムの策定を支援

　グループ調達構造改革：グループ経営の最適化に寄与するグループ調達のあり方を構想し，グループ横断的な調達プロセスを設計。設計したプロセスを実現するため，グループ機能子会社やBPO（ビジネス・プロセス・アウトソーシング）業者を含めた組織体を検討。さらに，業務・制度設計，横串の管理手法の導入などを支援し，グループ全体の外部コストの削減および業務コストの効率化の実現を支援

　調達における不正兆候分析：想定されるさまざまなシナリオを基にデータ分析を行い，潜在的な不正リスクを効果的に検知

　調達コンプライアンスモニタリング：サプライヤーが契約によって定められた方法で適切に事業や取引を行っているかを，第三者視点で客観的にモニタリングし，今まで気付かなかった契約の不履行や，契約内容の解釈の違いなどを発見

経営のための「調達」
見落とされてきた活用戦略

2024年11月20日　第1版第1刷発行	
2025年4月20日　第1版第2刷発行	

編　者　PwCコンサルティング合同会社
　　　　調達高度化チーム

発行者　山　本　　　継

発行所　㈱　中　央　経　済　社

発売元　㈱中央経済グループ
　　　　パ　ブ　リ　ッ　シ　ング

〒101-0051　東京都千代田区神田神保町1-35
電話　03 (3293) 3371 (編集代表)
　　　03 (3293) 3381 (営業代表)
https://www.chuokeizai.co.jp
印刷／三英グラフィック・アーツ㈱
製本／誠　　製　　本　　㈱

© 2024
Printed in Japan

＊頁の「欠落」や「順序違い」などがありましたらお取り替えいた
しますので発売元までご送付ください。（送料小社負担）
ISBN978-4-502-51811-9　C3034

JCOPY〈出版者著作権管理機構委託出版物〉本書を無断で複写複製（コピー）することは，
著作権法上の例外を除き，禁じられています。本書をコピーされる場合は事前に出版者著
作権管理機構（JCOPY）の許諾を受けてください。
　JCOPY〈https://www.jcopy.or.jp　eメール：info@jcopy.or.jp〉